新潮文庫

「弱くても勝てます」

開成高校野球部のセオリー

髙橋秀実著

新潮社版

9943

目次

「弱くても勝てます」

開成高校野球部のセオリー

1回⚾エラーの伝統

あらためて思うに、野球というのは実に危険なスポーツである。鉛でも入っているかのような硬い球が、目にも留まらぬ速さで飛んでくる。カキーンという音が聞こえると、すぐ目前。球に当たればケガどころか命にかかわることになりかねず、となると、球が来たら逃げるというのが自然の動きで、捕りにいったりするのは本来、不自然なことなのかもしれない。

「上です！」

生徒たちの声がグラウンド中に轟《とどろ》き、私は思わず身をすくめた。打球が上から落ちてきますという警告なのだが、そのまま上を見上げると球を顔面で受けてしまいそうなので、見るに見られず、かといって逃げるに逃げられず、私はその場で肩をすぼめ脇《わき》をしめた。球を恐れているのだが、こうしているとまるで当たるのを待っているようでもある。そしてこの体勢はどこかバッティングのフォームにも似ているのではないだろうか……。

開成高等学校（学校法人　開成学園）は、毎年200人近くが東京大学に合格するという日本一の進学校である。

創立は明治4年。文明開化の担《にな》い手を育成すべく開校した「共立《きょうりゅう》学校」がその前身で、当時の『改正共立学校諸規則』（明治13年）には次のように記されている。

「本校ハ専《モッパ》ラ他日東京大学予備門ニ入ラント欲スル者ノ為《タ》メニ必用ナル学科ヲ教授スル所トス」

つまり元来、東京大学進学のための学校であり、今もその伝統が受け継がれているのである。とはいえ、「開成の教育の目的は、有名大学への進学率を高めることではありません」（開成学園理事長・学園長　武藤敏郎／『ペンと剣の旗の下』開成学園　平成23年）とのこと。学校自体が受験体制を敷いているわけでもなく、東大に進学した卒業生たちにたずねてみたところ、彼らもそれほど勉強していた様子でもない。なんでも開成中学校に入る際も進学塾などで「なんかできちゃって」「なんか成績がよくて」「要領がよかっただけで」と口を揃《そろ》えるくらいで、最初からできちゃう子供が東大にも合格しちゃうようで、これはもう「神童」と呼ぶしかないだろう。

いずれにしても、開成は受験シーズンになると毎年注目を浴びるのだが、スポーツの世界でその名を聞くことはほとんどない。ところが、平成17年の全国高等学校野球選手権大会の東東京予選で、同校の硬式野球部がベスト16にまで勝ち進んだ。最後に敗れた国士舘《こくしかん》高校が優勝したので、ややもすると夏の甲子園大会に出場できたのである。

なんで開成が？

私は驚いた。そもそも開成に硬式野球部があったのか。くじ運がよかったのだろうか。しかし、くじ運だけでそこまで勝ち進むとは考えられず、さらには平成19年に「開成がさらに強くなっている」と聞いて、いよいよ頭脳プレイでも花開いたのかと思い、私は早速取材を申し込んで同校を訪れたのであった。

JR西日暮里《にしにっぽり》駅から徒歩2分。学園は駅前の大通りに面しているのだが、その正門はいたって地味な佇《たたず》まいで、知らなければそのまま通り過ぎてしまいそうである。

校内に入ると詰め襟姿の男子生徒たちが三々五々連れ立って下校しようとしている。見るからに賢そうな顔つき。私は「こんにちは、お邪魔します」などと丁重に挨拶《あいさつ》しながら古びた校舎の中を通り抜け、簀《す》の子《こ》の渡り廊下をパタパタ鳴らして進む。至る所に立て看板のようなものが折り重なって置かれており、全体的に倉庫のような印象。

もうひとつの校舎を抜け、神社の本殿に向かうような階段を上ると、そこにグラウンドが広がっていた。

開成高校にはグラウンドがひとつしかない。他の部活との兼ね合いで、硬式野球部が練習できるのは週1回。それも3時間ほどの練習で、彼らはベスト16入りを果たしたのだ。

通常、野球部というものは「リーリーリー」や「バッチバッチ」やら、わけのわからぬ奇声を張り上げて練習しているが、開成はいたって静かだった。坊主頭《ぼうずあたま》の生徒などおらず、円陣を組むこともない。それぞれが黙々とそれぞれの課題に取り組み、「自分自身に固有の能力を進歩させ」（初代校長高橋是清《たかはしこれきよ》の教育理念）ているようで、さすがに名門校は違うなと感心しながら、練習を眺めていてふと気がついた。

下手なのである。

それも異常に。

ゴロが来ると、そのまま股《また》の間を抜けていく。その後ろで球拾いをしている選手の股まで抜けていき、球は壁でようやく止まる。フライが上がると選手は球の軌跡をじっと見つめて構え、球が十分に近づいてから、驚いたように慌《あわ》ててジャンプして後逸したりする。目測を誤っているというより、球を避けているかのよう。全体的に及び腰。走る姿も逃げ腰で、中には足がもつれそうな生徒もいる。そもそも彼らはキャッチボールでもエラーするので、遠くで眺めている私も危なくて気を抜けないのである。

——野球って危ないですね。

外野（レフト）を守る3年生にさりげなく声をかけると、彼がうなずいた。

「危ないですよ」

——やっぱりそう？

「特に内野。内野は打者に近い。近いとこわいです。外野なら遠くて安心なんです」

だから彼は外野を守っているのだという。なんでも彼は球だけでなく硬い地面もこわいらしく、そのためにヘッドスライディングができないらしい。打者も地面もこわいので隅のほうの外野に佇んでいたのである。

「僕は球を投げるのは得意なんですが、捕るのが下手なんです」

内野（ショート）の2年生はそう言って微笑《ほほえ》んだ。「苦手なんですね」と相槌《あいづち》を打つと、こう続けた。

「いや、苦手じゃなくて下手なんです」

——どういうこと？

私が首を傾《かし》げると彼はよどみなく答えた。

「苦手と下手は違うんです。苦手は自分でそう思っているということで、下手は客観的に見てそうだということ。僕の場合は苦手ではないけど下手なんです」

野球ではなく国語の問題か？　と私は思った。ちなみに開成中学校の入試問題（国語）はすべて記述式である。長文を読み、その内容について「できるだけ自分のことばでわかりやすく説明しなさい」「四十字以内にまとめて答えなさい」などと問われ、読解力と表現力を試される。算数や理科、社会も問題文がとても長く、私などは何が問題なのか、にわかに見当がつかないほどなのである。

苦手ではなく下手、ということは、得意だけど下手ということか。矛盾しているような気もするが、「下手の横好き」という諺《ことわざ》もあるように下手に限って得意ぶるもので、彼にはその自覚があるということなのだろうか。逆に「下手ではないけど苦手」という生徒もいた。聞けば、彼らの多くは開成中学校の軟式野球部からの繰り上がりである。軟式野球の球は大きくバウンドするので、捕りやすい。それに慣れてしまうと「地面を這《は》うように飛んでくる」硬式の球は捕りにくく、いったん捕れないという苦手意識が身についてしまうと、周囲からも「苦手キャラ」として期待され、それに応《こた》えるように本当にエラーしてしまうのだと。つまり本当は上手かもしれないのに、「苦手」という観念がひとり歩きするようにエラーを誘発するらしいのだ。

いずれにせよエラーすることに変わりはなく、彼らは「頭脳野球」ならぬ頭脳でエラーしているかのようだった。

「エラーは開成の伝統ですから」

3塁を守る3年生が開き直るように断言した。部員の中で、彼の守備は際立《きわだ》って上手《うま》く見えた。走りながらゴロを拾い、そのまましなやかに1塁に送球。しかしよく見ると球を持っていないことがしばしばあった。

——伝統なんですか？

「僕たちのようにエラーしまくると、相手は相当油断しますよね。油断を誘うみたいなところもあるんです」

エラーは戦略の一環らしいのである。

ハイリターンでノーリスク

彼らは本当に勝ったのだろうか？

あらためて開成がベスト16入りした際の戦績を調べてみると、次の通り。

1回戦／開成10―2都立科学技術高校（7回コールド）
2回戦／開成13―3都立八丈高校（5回コールド）
3回戦／開成14―3都立九段高校（7回コールド）
4回戦／開成9―5都立淵江《ふちえ》高校
5回戦／開成3―10国士舘高校（7回コールド）

地方大会の場合、5回で10点差、7回で7点差が開いているとコールドゲームとして試合が終了する。勝つにせよ負けるにせよ開成の試合はほとんどがコールドゲーム。この翌年も1回戦で明治大学付属明治高校に3―10（7回コールド）で敗れており、9回まで戦うことがほとんどない。「野球は9回の裏まで何が起こるかわからない」という決まり文句があるが、開成の野球には9回がないのである。

「一般的な野球のセオリーは、拮抗《きっこう》する高いレベルのチーム同士が対戦する際に通用するものなんです。同じことをしていたらウチは絶対に勝てない。普通にやったら勝てるわけがないんです」

青木秀憲《あおきひでのり》監督は静かに語った。彼は東京大学野球部出身。群馬県の県立太田高校から東大教育学部を経て東大大学院に進学し、修士号を取得後、開成高校の保健体育科教諭となった。ちなみに修士論文のタイトルは「ボールを投げるグレーディング」。投球動作と上半身の筋肉の活動について研究したそうである。

——開成は普通ではないんですね。

私が同意すると彼は否定した。

「いや、むしろ開成が普通なんです」

——普通なんですか？

「高校野球というと、甲子園常連校の野球を想像すると思うんですが、彼らは小学生の頃からシニアチームで活躍していた子供たちを集めて、専用グラウンドなどがととのった環境で毎日練習している。ある意味、異常な世界なんです。都内の大抵の高校はウチと同じ。ウチのほうが普通といえるんです。常連校レベルのチーム同士が対戦するのであれば、『チーム一丸となる』『一生懸命やる』『気合いを入れる』などという精神面での指導も有効かもしれませんが、これぐらい力の差があると、精神面などではとてもカバーできません」

よどみなく答える青木監督。普通の高校が異常な世界で勝つには、普通のセオリーではダメだということなのだ。

「六大学野球も、ある意味、ありえない世界です。東大は圧倒的に戦力が劣るわけですから、通常なら2部リーグや3部リーグに降格して、そこで戦力の拮抗するチームと戦うことになるはず。ところが東大は六大学でずっと戦わなくてはいけないんです。高校野球も同じこと。圧倒的に戦力が異なるチームと同じトーナメントで戦うわけですから。そうなると一般的なセオリーは通用しないんです」

——その、一般的なセオリーというのは……。

私がたずねると彼は即答する。答えが瞬時に弾《はじ》き出されるようだ。

「例えば打順です。一般的には、1番に足の速い選手、2番はバントなど小技ができる選手、そして3番4番5番に強打者を並べます。要するに、1番に出塁させて確実に点を取るというセオリーですが、ウチには通用しません」

——なぜ、ですか？

「そこで確実に1点取っても、その裏の攻撃で10点取られてしまうからです。送りバントのように局面における確実性を積み上げていくと、結果的に負けてしまうんです」

——なるほど。

「つまり、このセオリーには『相手の攻撃を抑えられる守備力がある』という前提が隠されているんです。我々のチームにはそれがない。ですから『10点取られる』という前提で一気に15点取る打順を考えなければいけないんです」

——どういうことなのでしょうか？

「1番から強い打球を打てる可能性のある選手です。2番に最も打てる強打者を置いて、3番4番5番6番までそこそこ打てる選手を並べる。こうするとかなり圧迫感がありますから」

——圧迫感？

意外に単純な答え。要するに1番から打てそうな選手を並べるということで、単に「セオリーがない」ということではないだろうか。

「打順を輪として考えるんです。毎回1番から始まるわけではありませんからね。ウチの場合、先頭打者が8番9番の時がチャンスになる。一般的なセオリーでは、8番9番は打てない『下位打者』と呼ばれていますが、輪として考えれば下位も上位もありません」

確かに、一般的なセオリーは打順を直線的に考えている節がある。

「8番9番がまずヒットやフォアボールで出塁する。すると相手のピッチャーは、『下位打者に打たれた』あるいは『下位打者を抑えられなかった』とうろたえるわけです。そこへ1番打者。間髪を入れずにドーンと長打。強豪校といっても高校生ですから、我々のようなチームに打たれれば浮き足立ちますよ。そして、ショックを受けているところに最強の2番が登場してそこで点を取る。さらにダメ押しで3番4番5番6番と強打者が続いて勢いをつける。いったん勢いがつけば誰も止められません。勢いにまかせて大量点を取るイニングをつくる。激しいパンチを食らわせてドサクサに紛れて勝っちゃうんです」

巧妙な心理作戦ということか。一般的なセオリーは確実性を重視する。確実に点を取り、確実に守る。その確実性を打ち破るのは何かと理詰めで考えると、「ドサクサに紛れる」ということになるのだろうか。

「いうなればハイリスク・ハイリターンのギャンブルなんです」

真剣な眼差《まなざ》しで青木監督は続けた。

——ギャンブルですか？

「我々のようなチームの場合、ギャンブルを仕掛けなければ勝つ確率は0％なんです。しかしギャンブルを仕掛ければ、活路が見いだせる。確率は1％かもしれませんが、それを10％に引き上げれば大進歩だと思うんです。10％といっても10回のうち9回は負けるわけですから、まわりの人から見れば、あまり変わらないかもしれませんが……」

ギャンブルとして解釈すると、「リスク」とは失点で、「リターン」は得点である。通常はリスクを減らすために守備を固めるのだが、彼らは大量の「リターン」(得点)によって、コールドゲームに持ち込み、「リスク」を生み出す回(イニング)そのものをなくそうとしている。正確にいうなら、「ハイリスク・ハイリターン」というより「ハイリターンでノーリスク」を目指しているのではないだろうか。

——守備のほうは、これで大丈夫なんでしょうか?

私は思わず指摘した。開成の守備はハイリスクどころか、スーパーリスク。コールド負けの可能性をはらんでいるように思えたのである。

「守備というのは案外、差が出ないんですよ」

さらりと答える青木監督。

——出ないんですか?

「すごく練習して上手くなってもエラーすることはあります。逆に、下手でも地道に処理できることもある。1試合で各ポジションの選手が処理する打球は大体3~8個。そのうち猛烈な守備練習の成果が生かされるような難しい打球は1つあるかないかです。我々はそのために少ない練習時間を割くわけにはいかないんです」

監督が選手たちに要求するのは「試合が壊れない程度に運営できる守備力」だった。

そういえば、監督のセオリーの前提は「10点取られる」ということ。10点取られるつもりで守備に当たるので、多少のエラーでは動揺したりしないのである。

マナーの中心

開成の練習はそのほとんどがバッティングだった。ピッチャーの投げる球をバッターが次々と打つ。青木監督によるとバッティングとは「物理現象」。バットの芯《しん》が楕円《だえん》軌道を描き、その直線部分に球を正面衝突させる。トップスピードでの正面衝突。ひたすら打ちまくるという練習で、ピッチャーからすると、ひたすら投げ続け、打たれまくる練習のようだった。

「実は、僕は逆上がりもできないんです」

2年生のピッチャーが打ち明けた。彼は色白で細身。ユニフォームもブカブカでいわゆる「高校球児」には見えない。右腕のアンダースローなのだが、投げる球はとてもゆるく、遠くからでも球の縫い目が見えそうである。聞けば、彼はいまだに鉄棒の逆上がりもできず、小学生時代はドッジボールの球も上手く捕れなかったという。

「もともと運動センスがない」そうなのだ。

——なぜ、野球を？

私がたずねると、彼は深刻な面持ちで答えた。

「小学生の頃、ちょっとだけ地元の野球チームにいたことがありました。僕は野球しかやったことがないんで、他に選択肢がなかったんです。中学（開成中学）では軟式野球部にいましたけど、僕はゴロを捕って投げることが苦手ですから、試合にも出られませんでした。高校ではどうしても試合に出たくて」

——それで、ピッチャーに？

「はい。ピッチャーならできるんです」

——ピッチャーなら？

通常、ピッチャーは最も運動能力の高い選手がなるもの。高校野球からプロに進むのも大抵「4番でピッチャー」の選手である。

「ピッチャーだけは受け身じゃないんです」

——受け身じゃない？

「他のポジションは来るボールに反応しなくてはいけません。ボールに合わせなきゃいけないわけです。でもピッチャーだけは違います。ピッチャーだけは自分から発信できる。すべてはピッチャーから始まる。ちょっとおこがましいんですが、自分が投げて始まるというのが魅力です」

ピッチャーだけが自分本位。言われてみれば、野球というのはピッチャーによって投げられた球から始まる他人本位なゲーム。しかしピッチャーにもピッチャーゴロなどの他人本位な現象もあるわけで、そう考えると彼の理想は始球式のピッチャーということか。

「それに、他のポジションに対する評価は上手い下手しかありません。でもピッチャーには右・左、オーバースロー・アンダースロー、技巧派・速球派などの個性があるんです」

——ピッチャーに向いていたんですね。

私がまとめようとすると、彼はボールを握りながらこうつぶやいた。

「向いてはいないと思います。僕には向いているポジションがないんです。向き不向きで考えたら、僕には居場所がありません」

向き不向きも他人本位なのだろうか。いずれにせよ開成では向き不向きを考えてはいけない。そう考えるとほとんど全員が野球に不向きということになり、もともと「存在してはいけないチームになりかねない」（青木監督）からである。

そもそも彼らはどのようにポジションを決めているのだろうか。

あらためて青木監督にたずねてみると、その基準はきわめてシンプルだった。

・ピッチャー／投げ方が安定している。
・内野手／そこそこ投げ方が安定している。
・外野手／それ以外。

「これだけですか？」と私が驚くと「それだけです」と青木監督。

――要するに、投げ方ということですか？

「そうです。ちゃんと半身になって両肩を結ぶ線より上に肘《ひじ》を上げて、体重移動で前に投げる。これができるか否《いな》か。安定的にできればピッチャーです」

――基準としては簡単すぎませんか？

「いや、かつて男の子は誰も彼もが野球をやっていたので、投げるという動作は当たり前でした。ところが今は違います。子供の頃に野球をやっていない子は、物を投げられないんです。投げるという動作は生得的な能力ではなく、実は獲得する能力なんです」

考えてみれば私も日常生活において物を「投げる」という動作はほとんどしない。

躾《しつけ》という観点からも「お行儀が悪い」などと、むしろ投げることを禁じているのでなおさらである。「誰でも投げられる」というのも、隠れていた前提なのだ。

――安定的なら、ピッチャーはつとまるんでしょうか？

私はバッティングマシーンを想像した。安定的に投げると打たれるのではないかと。

「勝負以前に、失礼があってはいけないと思うんです」

――失礼？

「球がストライクゾーンに入らないとゲームになりませんから、それは相手に対して失礼なんです。とにかくウチは試合をしたいわけです。試合をするには、打たれるにせよストライクを安定的に入れなければいけないんです」

確かに、暴投や大きく逸《そ》れたボールばかりが続くとゲームは成立しない。ピッチャーとは実は勝負以前にマナーの中心なのであった。

きっと合う前提

週に1回しかグラウンドを使えない開成野球部は、土日を利用して他校へ練習試合に出かけていた。実戦を重ねることで「ギャンブル」感覚を鍛えようとしているのだが、行く先々で相手校の選手にこう訊《き》かれたりするらしい。

「どれくらい頭いいんですか？」

あるいは「偏差値、いくつですか？」と。開成と聞くと、野球よりまず「頭のよさ」を確認したくなるのである。彼らは「KAISEI」と印字された野球バッグを抱えていると、電車の中でも見知らぬ人にいきなり「頭いい？」と訊かれることがあるという。訊かれても本人は返答のしようがないので、「いや、はあ」などと答えると、「受け答えもきちんとできていない」と偏差値教育の弊害について説教を始める人もいる。面倒なので「はい、そうです」と答えると、「そこで『はい、そうです』って言っちゃうんだ」と嘲笑《ちょうしょう》されたりするらしい。実際、私も彼らに「中学入試のあの難問をなぜ解けるのか？」と訊きたくてうずうずしていた。解ける人になぜ解けるのかとたずねても仕方がないのに。

「僕たちは勉強以外はできないと思われているような気がするんです。勉強ばかりで運動や状況判断ができないような」

3年生のキャッチャーは憮然《ぶぜん》と語った。

――でも、それは相手を油断させることにならないですか？

ギャンブルとして考えると、敵のミスを誘発しそうである。

「なりません」

彼は断言した。

「僕たちは油断ではなく、なめられているんです。油断はそこに付け入ることもできますが、なめられていいことはひとつもありません。なめられているということは相手は楽な気持ちでいるということしか意味しませんから」

しばし考えて私は理解した。緊張してこそ油断も生まれる。楽な気持ちでいる時は、案外隙《すき》がないのである。

その日の対戦相手は甲子園出場経験もある強豪校、関東第一高校だった。目を見張るほどの充実した設備。グラウンドも野球部専用の球場で、その傍らにはブルペン、練習用の予備グラウンド、さらには合宿所まで備えており、何やら空の色まで開成と違って青々と広がっていた。

試合前に青木監督によるノック練習。軽めの打球にもかかわらず、開成の選手たちはエラーをしまくった。内野ゴロはそのまま外野に抜け、外野へのフライは選手を越えて、選手は後ろ向きに球を拾いにいったりする。球場が立派なせいもあり、彼らの動きは「相手の油断」というより、球場全体に憐《あわ》れみのようなものを誘発しているようだった。

ノックが終わると青木監督が彼らを集め、激怒した。

「お前たち、グラウンドに出ることの重みがわかっているのか！　関東一高の上手《うま》い生徒たちが、この日のためにグラウンドを整備して、得点板までやってくれているんだ！　ここで野球することがいかにすごいことであるか。下手くそがごまかしやるなんて失礼だ！　それがわからないヤツは要らない！　やめろ！」

神妙な表情の部員たち。マナーについて怒っているようで、技術を叱咤《しった》しているようでもある。考えてみれば、マナーと技術は表裏一体で、「下手であることを自覚して行け」と激励しているようにも聞こえた。

関東一高の選手たちはベンチ前で円陣を組んでいた。「はい！」「はい！」「はい！」と監督の指示に元気よくうなずき、全員で「お――し！」と雄叫《おたけ》びを上げる。その勢いで関東一高は1回2回で開成から8点も取った。その攻撃内容は――。

デッドボール、盗塁、フォアボール、三遊間を抜けたかと思えば、外野も抜けて2塁打。ファーストゴロかと思えば、ファーストとピッチャーが譲り合って内野安打となり、それをバントで送って、さらにはキャッチャーが球を後逸して進塁され、次の打者はデッドボール。再びキャッチャーが後逸して走者は進塁し、ピッチャーが牽制《けんせい》球《きゅう》を投げると、それをセカンドがエラーして、さらに進塁。フォアボールで満塁になり、次の打者がファーストゴロを打ったと思いきや、ファーストの股間《こかん》を抜け、ライトも追いつかずに2塁打となる。バットに球が当たれば出塁。当たらなくてもフォアボールかデッドボールで出塁。関東一高は延々と攻撃を続けなければいけないようで、次第に「油断」というより全体的に「たるみ」のようなものが見えてきた。

すると3回。開成は先頭バッターがまるで関東一高の攻撃を受け継ぐようにいきなりライトオーバーの3塁打を放ったのである。動揺したのか攻撃疲れか、関東一高のピッチャーは続けてフォアボール。開成のエラーにつられたのか簡単なピッチャーゴロをエラー、キャッチャーも3塁に悪送球して、たちまち3点。そして下位打者である8番バッターがレフトオーバーの2塁打。続く9番もセンターオーバーの2塁打を放ったのだ。開成の猛攻撃は続き、この回、一挙7点。青木監督のいう「ドサクサ打線」が火を噴いたのだ。

「うおりゃ！」

得失点のあまりの多さにどちらが勝っているのかわからなくなり、私は思わず歓声を上げた。問題は点差ではなく勢い。野球は勢いで相手を踏み倒す競技だったのだ。

結局試合は日没のため8回で終了。関東一高は1～4点の追加点を重ねて計15点も取り、スコアは15―12で開成の負け。最終的な点差では確かに負けだが、3回のドサクサであのまま開成が20点ぐらい取っていれば、彼らはコールド勝ちできたはずである。聞けば、関東一高のほうは下級生のチームだったらしいが、強豪校であることに変わりはない。ドサクサは相手を選ばないのである。

開成打線で印象的だったのは実に多彩なバッティングフォームだった。ある選手はバットをホームベースの上に水平にかざし、そこで「正面衝突」をイメージしてから時間を逆戻りさせるように構える。他にも、左手だけでバットを持ち、十分な引き位置を確認しつつ、打つ瞬間にだけ右手を添える。全身の体重を前にかけて構え、ピッチャーが投げるモーションに入ると後ろに大きく体重移動して、全身振り子のようにフルスイングする。今まで見たこともない構え方ばかりで、ここにも一般的でないセオリーがありそうだった。

「打撃で大切なのは球に合わせないことです」

青木監督はきっぱりと言い切った。

――合わせちゃいけないんですか？

「球に合わせようとするとスイングが弱く小さくなってしまうんです。タイミングが合うかもしれないし、合わないかもしれない。でも合うということを前提に思い切り振る。空振りになってもいいから思い切り振るんです」

あの強烈なスイングにも「きっと合う」という前提が隠されていたのだ。

――それで当たるものなのでしょうか？

「ピッチャーが球を持っているうちに振ると早すぎる。キャッチャーに球が届くと遅すぎる。その間のどこかのタイミングで絶対合う。合うタイミングは絶対あるんです」

青木監督はにっこりと微笑んだ。どこかで合うからきっと合う。これも一種のギャンブル。一発当たれば儲《もう》けもの、なのだ。

「彼らはいいスイングを持っています。せっかくのスイングを僕はチームの事情などで小さくしたくない。スケールがもっと大きくなる可能性があるのに、その成長を止めたくないんです」

青木監督の指導の前提には、「あらゆる可能性は理屈で引き出せる」という確固たる信念があるようだった。

もしかするとこれは野球の原型かもしれない。

やがて私は気がついた。ベースボールがアメリカから渡ってきて「野球」となったのは明治初期。当時日本に野球をひろめたひとりに俳人の正岡子規《まさおかしき》がいるが、彼は17歳の頃この開成（当時は共立学校）に通っていた。彼のベースボール解説を読んでみると、エラーが多発していたのか、「この遊びは遊技者に取りても傍観者に取りても多少の危険を免れず」（『松蘿玉液《しょうらぎょくえき》』岩波文庫　昭和59年　以下同）と指摘していた。そして打者は「なるべく強き球を打つを目的とすべし」。ルールの説明も「廻了《ホームイン》の数の総計を比較し多き方を勝とする」として、「例へば『八に対する二十三の勝』」と大量得点の実例を挙げていた。その後、野球はいつの間にか確実性や点差を求める球技になってしまったが、もしかするとここにもうひとつの野球の可能性があったのではないだろうか。

甲子園に行けるかもしれない。

いや、甲子園に行くと大変なことになるかもしれない。

野球の興奮を久しぶりに味わった私は、開成のさらなる進撃を見守ることを決意したのであった。

それから4年。

ずっと待っていたのだが、以来、甲子園出場校の中に開成の名前を見ることはなかった。あれは一瞬の夢だったのか。そもそも開成は野球を続けているのか。安否を確認するつもりで青木監督に連絡すると、「我慢する時期を経て、今年あたり大きな結果が出る」との予告。そこで私は再び開成を訪れた。

そして見たのである。

進化を遂げた開成野球を。

甲子園出場どころか野球界、ひいては「野球」という概念を揺るがしかねないプレイを。

2回⚾理屈で守る

もしかして上手《うま》くなったのか……。

4年ぶりに開成高校を訪れた私は、練習を眺めているうちにふと気がついて目を凝らした。選手たちの動きは相変わらずぎこちない。ゴロが来ると、「あっ」と驚くような顔をして一瞬硬直する。打つ時も球4個分ほど離れた軌道を思い切り振ったりする。ドタドタとした走りもグラウンドというより走ってはいけない廊下を走っているようではあるのだが、以前とは何かが違う。

エラーが少ないのである。

少なくともキャッチボールでのエラーがない。むしろ難しい球をジャンプしたり、バックハンドでファインプレイのように捕っている。キャッチボールなので投げるほうに問題があるともいえるのだが、エラーしないと球拾いに行かなくても済むので時間の無駄もなく、練習全体が何やらスムーズに進んでいるようなのだ。

「見ている人が違和感を感じない程度には上手くなったと思います」

青木秀憲監督が微笑《ほほえ》んだ。上手くなったというより、すごく下手でなくなったということなのだろう。

——守備の練習をされたんですか？

私がたずねると監督がうなずく。

「ノック練習をしていて、虚《むな》しくなったんです。疲れるのは打つほうばかりで効率も悪いですからね。いくら打っても捕れない。捕る前に打球に対してやることがあるだろうと思いまして、理屈で教えることにしたんです」

——理屈で？

「他のチームなら自然に身につくことでも、ウチは全部理屈で教えなきゃいけませんから」

——どういう理屈なんですか？

「球を捕るという行為にはふたつの局面があるということです。ひとつは球を追いかける局面。捕りやすい所に自分が移動するという局面です。そして、そこでいつまでも追いかけていくんじゃなくて、今度は球を捕る局面です」

考えてみれば当たり前のことだが、監督が解説すると高度なテクニックのように聞こえる。

「球を捕る局面の動作は判で押したように常に一定でなければならない。機械と同じです。膝《ひざ》を曲げ、右投げなら右足の位置を決めて、次に左足を決めて捕球。ヘンな動きをしてはいけない。大切なのは局面の切り替え。切り替えのポイントを正確にすることです」

——追いかけながら捕らなきゃいけないこともあるんじゃないですか？

私の指摘に監督はきっぱりと答える。

「そういうゴロは、ウチでは『例外』として考えます。捕らなくてもいいんです」

つまり基本動作に合った球だけ捕る。それ以外はなかったことにするのである。すべてはまず基本動作から。そして基本動作は理屈から。理屈とは動作を分解することで、分解すると足がもつれるような気がするが、開成ではこれが功を奏したらしい。なんでも地面に球を置いてそれを捕らせてみると、膝を伸ばしたまま落とし物を拾うように前屈して捕る生徒もいたそうで、野球というよりモノを拾う動作の生活指導のようである。

「これができるようになると球拾いも早くなり、次の動作にもすぐいけるんです」

監督は晴れやかに語った。

「おかげで守備はまずまずになりました。ところが今度は打力が落ちたんです」

――落ちちゃったんですか？

「はい。だから取り柄がなくなった。ウチの売りがなくなってしまいました」

残念そうに首を傾《かし》げる青木監督。守備を捨てて打線で圧倒するはずの開成野球は、守備が上手くなったら打てなくなったというのである。

――なぜ、なんでしょうか？

監督は「うーむ」としばらく考え、こう答えた。

「ひとつ考えられるのは、バッティングの練習が増えたということですね」

――増えたんですか？

以前と変わらず、グラウンドが使えるのは週1回だが、防護用ネットを新たに導入することで、一度に3人が打席に立てるようになったという。加えて、毎朝始業前にグラウンドの隅を使ってティーバッティングができるようになったらしい。

「以前はバットを振る時間がものすごく限られていたんで、集中力があったんですが、今はなんとなくやっちゃっている感じなんです」

――そういう影響を及ぼすんですか？

「そうなんです。増えたといっても、もともと異常に少ないですからね。これくらいのことで起きてはいけない現象なんですが、実際には起こっているんです」

超常現象のように青木監督は語った。確かに、練習時間が増えて強くなる、増えすぎて疲弊する、というならわかるが、ただでさえ練習時間が少ないのに、それを微増させただけで弱くなるというのは一体、どういうことなのだろうか。理屈から入る開成野球はこれも理屈で解決するしかないのだろうか。

この4年間の戦績を振り返ってみよう。平成19年、開成は都立桜町高校に10—0（6回コールド）、都立小松川高校に5—3で勝って4回戦にまで進んだ。そして強豪校の修徳高校（その年の準優勝校）に1—0で敗れたのである。

1—0。

修徳高校の1点は5回、3塁打の後の犠牲フライによる1点だった。修徳高校は圧倒的な打撃で知られるチームだったのだが、開成はそれを見事に封じたのである。まるで強豪校対決のようなスコアで。青木監督によると、開成は「ピッチングの調子もよくて、捕りやすい球が多く飛んできた」とのこと。つまり「例外」が少なかったのである。一方、攻撃のほうはヒットこそ打てたが、今ひとつ爆発せずに終わってしまったらしい。「いずれにしてもゼロ点では勝ち目がない」（青木監督）と、開成はますますバッティング練習に力を入れた。しかし平成20年は、1回戦で都立蒲田《かまた》高校に24

—0（5回コールド）で圧勝するも、2回戦で駿台《すんだい》学園に14—2（7回コールド）で惨敗。以降、開成は公式戦で一度も勝っていなかった。平成21年には都立桜町高校に4—2、平成22年は郁文館《いくぶんかん》高校に9—1（8回コールド）という具合に、修徳高校との1—0から次第に尻《しり》すぼみになっているのである。

「あの時、堅実な戦略をとっていれば、もしかすると修徳に勝っていたかもしれません。こちらはランナーも出ていたし、チャンスはあったんですから……」

青木監督は今もどこか後悔しているようだった。送りバントをしてスクイズでも仕掛ければ1点取れたかもしれない。そうすれば修徳に勝ち、ややもすると甲子園出場の夢もかなっていたかもしれないのだ。

——一般的なセオリーに変えようと考えたんですか？

「いや、でも、あの時4回戦まで進めたのは大量点を取るという野球をしたからなんです。それに現実を考えてみても、一般的な戦略をするには、足が速くなくてはいけない。フォアボールを見定める選球眼、バント技術や状況の判断力も必要になります。これらは練習の積み重ねですからね。ウチの場合は積み重ねるだけの時間もありません。となるとやはり打撃です。『思い切り飛ばす』と言い続けたほうが目標も単純で明快ですから」

青木監督は思索の末、開成のセオリー、つまりドサクサに紛れて大量点を取り、コールドゲームで勝つ戦略を極めることにしたらしい。

近づいたような遠のいたような甲子園。甲子園を揺るがす開成打線を期待していたのだが、どうやらその前に開成のほうが揺らいでいるかのようだった。

メンタルの問題

週1回のグラウンドでの練習も雨が降れば中止である。貴重な練習時間なので休むわけにはいかず、選手たちは柔道場で「シャトル打ち」などをする。シャトルとはバドミントンのシャトル。2人1組になって一方が投げるシャトルをもう一方がバットで打つのである。一見すると遊びのように見えるが、これは一種のメンタルトレーニングにもなっていた。ピッチングモーションから投げ出されるシャトルは手から離れた瞬間は速いが、急速に失速する。これを慌《あわ》てずに打つ。選手たちは焦《あせ》って早めにバットを振る傾向があるので、「実際は球を見る余裕がある」ということを体で覚える。ひいては、球が来るまでの時間を長く感じるようにするための精神修行なのである。

「ウチの練習は変わっていて面白いと思います」

クールに語ったのはエースピッチャー、瀧口耕介《たきぐちこうすけ》君（3年生）だ。開成では投げ方がある程度安定していればピッチャーに起用され、全部員22名のうち10名がピッチャーなのだが、彼はその筆頭格で打順も4番。さらにはキャプテンを務めており、現チームのいわば要《かなめ》なのである。

——変わっている？

「はい。守備練習をほとんどしないし、何より練習が静かですからね」

聞けば、彼は中学時代を関西で過ごし、高校から開成に入学した。中学時代に所属していた野球部の練習は、もっぱらノックなどの守備練習と「声出し」だったらしい。「声出し」とは文字通り大声を出す練習で、ホームベース上で「おはようございます！」「こんにちは！」などと叫び、バックスクリーンにいるコーチにきちんと届けば「合格！」、届かないと「もう1回！」とやり直しさせられたりしたそうだ。

「僕は外から入ってきた人間として、チームを盛り上げていきたいんです。野球は勢いや流れでゲームをつくっていくものですからね」

彼はドサクサ打線の演出を担《にな》っており、そのためか坊主頭《ぼうずあたま》なのである。実際、瀧口君は練習試合でも積極的に声を出していた。「気合い入れていくぞ！」などと手を叩《たた》きながら甲高い声でまわりを鼓舞する。すると呼応するように部員たちも「気合いだ

気合いだ気合いだ！」「思い切り振っていけ！」「こわがっててんじゃねえよ！」「ここでいかないでどうするんだよ！」などと喧嘩腰《けんかごし》になって叫ぶ。それにつられるように1年生などが「さあさあさあさあさあ叩け叩け叩け叩け！」などと市場の競《せ》りのような意味不明の声を出すと、不意に「何言ってんだろう俺たち？」と思うのか全員が冷めたように静寂に戻ってしまい、しまいには青木監督に「声を出している自分たちの雰囲気に負けてどうする！」と激怒されたりするのである。

「みんな、声出しを理解していないんです」

手ぶりを交える瀧口君。練習でも指差確認のような動きが特徴的だった。

――理解してない？

「ランナーがいて試合が盛り上がる場面で盛り上がっている。こういう時は頭がカーッと熱くなって暴走してしまいますから、あえて冷静にすべきなんです。声を出すのは雰囲気がよくない時に気持ちを盛り上げるため。盛り上げるための声出しであって、盛り上がっている時に盛り上がるのは観客のスタンスです。いずれにしてもメンタルな部分なんで一番コントロールが難しいところです」

――なるほど。

理路整然とした語り口に私は感心した。ちなみに彼の得意科目は「物理」と「倫理・社会」「政治・経済」。なんでも「理論が立っているところが好き」らしく、野球も「理屈で納得した上でプレイできればそれに越したことはありません」とのことだった。

――ところで、野球の何が面白いんですか？

私がたずねると、彼は照れるように微笑んだ。

「やっぱり『読み合い』ですかね。言い換えるなら『予測』というんでしょうか。相手がどう出てくるのか、頭を使って考えるのが楽しいんです」

――他の競技では味わえないんですか？

「野球の場合は『間』があるじゃないですか。プレイとプレイの間にひと息ついて思考する時間がある。他の競技にはない魅力です」

――勉強も思考の時間でしょ？

「いや、勉強は敵と相対するわけじゃありませんから。やることが決まっていて、それを完了させればある程度の結果は必ず出る。ところが野球の場合は状況に応じて、どのパターンでいけばいいのかとか臨機応変に考えなくちゃいけないんです」

臨機応変に考えていたい彼は、ピッチングもユニークだった。例えば1球目はオーバースローで投げる。「なんか肩の調子が悪いな」と感じたら、2球目はサイドスロー。「違和感がある」などと思えば、3球目はアンダースローになり、それでも調子が出ないとオーバースローに戻ったりする。打者というより自分の状況に応じてパターンを変える。いわば試行錯誤の投球で、打者は「このピッチャーは何を考えているのか?」と思考を強要される形になるのである。

7番打者でライトを守る近藤駿一《こんどうしゅんいち》君(3年生)も瀧口君と同じように、「盛り上がる場面では盛り上げる必要がない」と言っていた。瀧口君と微妙に異なるのは、彼はもともと「性格的にテンションの上がり下がりが激しい」らしく、「全体が盛り上がっている時は一緒に盛り上がるので、あえて自分を盛り上げる必要がない」そうで、要するに自動詞「盛り上がる」と他動詞「盛り上げる」の違いを指摘しているのである。

彼は細い体をねじるようにして打席に立つ。遠くから見ると撚《よ》れた紐《ひも》のようなのだが、そこから会心の3塁打を放ったりする。通常のセオリーでは7番打者は下位打線とされているが、開成の7番は「ドサクサ」のきっかけをつかむ重要な役割を担っているのだ。

「野球は運動神経やセンスはあまり関係ないから、僕に向いているんです」

静かにはにかむ近藤君。守備も最初はセカンドだったが、彼より上手《うま》い選手がいたので外野に回り、外野にも自分より上手い選手がいるので、その人がセンターなら自分はライト、ファーストならセンターになるそうで、随分と謙虚なポジショニングなのである。

「僕は打てそうな時と打てなさそうな時が歴然としているんです」

近藤君はそう言ってうなずいた。

——打てそうな時は？

「打てるんです。でも打てなさそうな時は本当に打てない」

——ピッチャーによって、ということ？

「ピッチャーは関係ありません。あくまで自分自身の問題なんです」

——体調ということ？

「体調じゃないですね」

——プレッシャー？

「違います」

——じゃあ何？

「よくわからないんですけど、前の試合で調子がいいと次の試合も打てそうな気がするんです」

練習試合でも、彼は前日の試合のピッチャーのタイミングに合わせてバットを振ったりしており、これではいったん打てないといつまでも打てなくなるという悪循環に陥ってしまう。

——それで、どうしているんですか?

私がたずねると彼が即答した。

「ですから、いつも打てそうな気分になるようにしているんです」

彼は最初の問題設定のまま、解決を図ろうとしていた。

——どうやって打てそうな気分にするんですか?

「あらためて考えてみたんですが、打てなさそうな時というのは試験などが重なって練習できていない時なんですね。だから試験の前でも家で素振りだけはするようにしています。実際に効果があるかどうかは別にして、やらないよりは気持ち的にいいと思いまして」

毎日練習するしかない、という単純なことなのだが、彼らは何事も論理的に詰めないと納得できないようなのである。

8番でレフトを守る白井《しらい》慎一郎《しんいちろう》君(3年生)もそうだった。彼は「野球が好きです」と言う。どこが好きなのかとたずねてみると、

「野球以外のスポーツを野球のように取り組んだことがないので比較できないんですけど、好きと思えるからこうして努力できているんだと思います」

さらさらと答える白井君。論理が緻密《ちみつ》でメモするのが大変なくらいなのである。ちなみに彼は将来、司法試験を目指している。「高い地位に就きたいというより、独立した仕事に就けば、好きな人と結婚して子供ができても一緒に過ごす時間を持てるからです」との理由。家族との時間を大切にする自営業の父親を見習っての将来設計だった。

「野球は僕が今、一番努力できることなんです。野球が終われば大学受験ということになると思いますが……」

――どういう努力をしているんですか？

「僕は誰よりも下手だという自覚がありますから、人一倍練習しなければいけないんです。だから、毎朝の練習も1日も休んだことがありません。素振りに関しては僕が一番上手いと思っています。でも試合ではなかなかそれが……。バッティングがダメだと守備をしている時もそのことばっかり考えてしまうんです。そもそもバッティングは上手くいっても3割ですから、上手くいくわけないんですが。やはりこれは精神的な問題じゃないかと思うんです」

彼らに話を聞いていると、野球というより何やら人生相談のようになる。「あまり深刻に悩まないほうがいいんじゃないですか？」とアドバイスしようかとも思ったが、彼のひたむきな眼差《まなざ》しを見て、私は言葉を飲み込んだ。

「やっぱり準備が大切ですよね」

自ら答えを見いだす白井君。

――準備？

「守備の時も、事前に頭の中でノーカットで返球するイメージをつくったり、上手い人のマネをすることが大事だと思います」

どう答えてよいのかわからず、私はとりあえずうなずいた。彼は帽子のツバの裏に「積極的に！」とマジックで書いている。消極的な性格だから積極的になりたいとの願いを込めており、何やらいじらしいほど真面目《まじめ》なのである。

「僕はバッターボックスが好きなんです」

思い出したように彼はつぶやいた。「なぜ、ですか？」と私がたずねると、

「バッターボックスはひとりだけで立つことができます。まわりに注目されるじゃないですか。そして自分の時間を与えられる」

――野球以外にはそういうことはないんですか？

「いや、究極言えば、日常生活すべてそうだと思うんです。常にまわりから注目されている、いつもバッターボックスに立つような精神状態でいれば、きっといい結果が出るんだと思います」

――そういうふうに毎日過ごしているんですか？

「過ごそうとしています。はい」

終始、真摯《しんし》な態度を崩さない白井君。「自分の中で決めたことはしっかりやるタイプ」と明言する姿に私は思わず「頑張ってね」と声をかけたのであった。

下手の矜持《きょうじ》

夏の甲子園出場校を決する東東京予選は7月に始まる。各校とも監督たちが互いに連絡を取り合って練習試合をアレンジし、開成高校も土日は試合のスケジュールで埋まっていく。

その日の試合は開成のグラウンドで行なわれた。相手は昨年（平成22年）の予選で4回戦まで進んだ青稜《せいりょう》高校。開成の部員たちは試合の始まる2時間前に集合し、グラウンド整備に取りかかる。キャプテン瀧口君の甲高い声の指示のもと、サッカーゴールやベンチを移動し、ネットを張る。ケガのないように校庭の土を掘り起こし、柔らかくしてベースを設置する。さらにガラガラとトンボをかけ、ラインを引く。他校のように専用球場がないので、グラウンド整備というより校庭を球場につくり変える大仕事で、見ていると選手たちはすでにぐったり疲れているようだった。

整備が終わる頃、ユニフォーム姿の青稜高校の選手が列をなしてグラウンドに入ってくる。私の前でも帽子を脱ぎ、「よろしくお願いします！」「前、失礼します！」と一礼してキビキビ走ってゆく。そして円陣を組み、「ウェー」「ウォー」とカラスの大群でも襲ってきたかのような大声を上げて一斉に準備運動を始めたのである。

一方、開成のほうはホームグラウンドのせいかどこかのんびりしていた。青稜高校の練習に見入って「上手いね」「鍛えられてるね」などと感心する選手もいれば、ライン引きのラインが右より左のほうが長いなどといつまでも足で消していたり、何やら捜し物でもあるかのようにグラウンド脇《わき》を行ったり来たりする選手もいる。球場を設営しただけで何やらひと仕事終えたような風情《ふぜい》。これからが勝負なのだと気合いを入れるためにも一斉に準備運動をしたほうがよいのではないかと青木監督にたずねると、「ウチはやりません。個々の選手、それぞれに準備することは違うはず。みんなで揃《そろ》ってやると平均的な80％のレベルには持っていけるかもしれないが、我々が目標とする100%、120%には持っていけない」とのこと。「でも、下手をすると80%にもいけないんじゃないですか？」と指摘すると、彼はきっぱりとこう言い切った。

「そこもギャンブルなんです。無秩序になるか、それともプロに勝るウォーミングアップになるか。我々は『まあまあ』じゃダメなんです」

どちらかというと今日は無秩序に近いようで、青木監督は選手たちに向かって、

「お前たち準備することあるだろう！」「だらだらしている時間なんてないぞ！　早く動け、早く早く早く早く！　俺がせっかちなんじゃないぞ、俺は当たり前のことを言ってるだけなんだぞ！」と怒鳴った。

「集合！」

監督が号令をかけると、キャプテンの瀧口君が「集合！」と叫び、続けて部員たちも「集合」「集合」「集合」と声を出して、全員が集まった。

「今日はひと言しか言わない」

監督を見つめる選手たち。

「なんとしても勝て」

「オー！」

唱和して全員ホームベースのほうへ走り、一列に整列して礼。戻りながらキャプテ

ンの瀧口君が「ハイハイハイハイハイハイ！」と声をかけ、他の部員たちも「いくぞいくぞいくぞ！」「出遅れるな！」「準備だぞ準備！」「さっさとやれよこのやろう！」などと声を張り上げた。気合いが入っているようだが、よく見ると発声もまたひと仕事のようで、発声を終えた瞬間にまたのんびりしている。寸暇を惜しむようにのんびりする。考え事でもしているのだろうか。

1回表、開成の攻撃。1番打者の藤田《ふじた》智也《ともや》君（2年生）が打席に入る。大きく構えると彼は左足首をくねくね動かす。バットを持つ手首もくねくねさせ、それらをシンクロさせるようにしてタイミングを計る。思い切り振って強烈な当たりだったがサードライナー。そして2番長江豊《ながえゆたか》君（3年生）の登場。悠然と打席に入り、バットを上にかざすと仁王像のようで、見るからに打ちそうだなと期待するや否《いな》や、いきなりセンターオーバーの2塁打を放った。続く3番の瀧口君も、野球の教本のようなきちんとした構えでセンター前ヒット。さらに4番の古屋亨《ふるやとおる》君（3年生）もライト前ヒット。あっという間に開成は1点を先取したのである。

もしかして強いのではないか。

これこそ打撃で圧倒する開成野球ではないかと感心していると、青木監督がグラウンドに向かって叫んだ。

「当たり前当たり前。俺たちは異常なことをしようとしているんだから1点で喜ぶな！」

するとなぜか攻撃はそこで途切れ、続く2人はフライを上げてあっさり凡退してしまった。もうひと仕事終えたというかのように。

開成のピッチャーは3年生の大木拓人《おおきたくと》君だった。彼はシンガポール日本人学校から開成高校に入学。2年生までは外野を守っていたが、自ら希望してピッチャーになったらしく、なぜ希望したのかとたずねると、こう答えていた。

「僕は日常生活でも引きずるタイプなんです」

――だから？

私は問い返した。些細《ささい》な出来事もいつまでも悩んでしまう性格とのことだが、それと野球はどういう関係があるのだろうか。

「だから野球が好きなんです。野球は攻撃と守備がはっきり分かれているじゃないですか。僕はサッカーのように、攻撃と守備が目まぐるしく変わる中でボールを追いかけるのは苦手なんです。もうずーっと、引きずっちゃいますからね。僕は切り替えというのが上手くないものですから」

――そのこととピッチャーはどういう関係があるんですか？

「守備になった時、ピッチャーはやることがひとつじゃないですか」

――投げるということ？

「そうです。やることはひとつなんで、引きずったとしても影響が大きくないと思うんです。ピッチャーというのは攻撃から最も切り替えなきゃいけないポジションなんで、切り替えられるんです。本当に自分が切り替えられているかどうかは別として」

切り替えるためのピッチャー。日常生活のリハビリを兼ねているらしく、そのせいか体ごと前に放り投げるような全力投球なのである。

大木君がマウンド上でキャッチボールを始めると青木監督が声をかけた。

「一生懸命投げようとするな！」

「コントロールしようとするな！」

「厳しい所に投げようとするな！」

「抑えようなんて思うな！」

「甘い球を投げろ！」

キャッチボールのようにストライクを入れるというのが開成ピッチャーの使命なのである。マウンド上で首を傾《かし》げる大木君。攻撃と守備の切り替えがしやすいからピッチャーになった彼は初回が苦手だと言っていた。まだ打撃をしていないので何からの切り替えなのかつかみかねているらしい。監督はすかさず、こう指示した。

「ピッチャーをやるな！」

「野球しようとするな！」

おそらく「野球する」と「野球しようとする」は違うのだろう。野球だから野球するに決まっているのに、彼らは「野球しようとする」ので意味が重複してコントロールも乱れてしまうのである。監督の指示は禅問答のようではあるが、大木君はそれを理解したのか先頭打者をライトフライ、2番打者をファウルフライ、そして3番打者を三振に抑えた。まさに全力投球で抑え込んだのである。

2回は双方3者凡退。そして3回表、開成は2番長江君が再びセンターオーバーの豪快な2塁打を放ち、4番の古屋君と5番の大木君の連続2塁打で2点を挙げたが、その後は続かなかった。ちなみに開成にはサインプレイというものがなく、青木監督のかけ声であからさまに指示が出される。打撃の際もたとえヒットでも振りが小さいと、「なんだそのスイングは！」と激怒し、逆に三振でも思い切り振ると、「ナイス空振り！」と激賞したりするので、相手からすれば下手なサインプレイより何やら謎《なぞ》めいている。要するに、小細工をするな、大きい勝負に出ろと叱咤《しった》しているのであるが、言われれば言われるほど部員たちはこぢんまりしていくようなのである。

4回表にまたチャンスは訪れ、7番の近藤君がライト前ヒット、8番白井君もレフト前ヒット、1番の藤田君がフォアボールで出塁し、続く長江君もフォアボールで押し出しの1点。さらに瀧口君がレフト前ヒット、古屋君がセンターフライを上げてタッチアップで2点追加した。

「ドサクサ、ドサクサ！」

「ここで目の色を変えろ！」

青木監督が絶叫する。ドサクサで大量得点、という指示だった。ところが攻撃はここで終わり。結局開成は8回と9回にも2点ずつ取って、10－5で青稜高校に勝ったのだが、監督はその試合展開に怒りまくった。

「これじゃまるで強いチームじゃないか！」

勝ったのは開成で開成のほうが強く見えたのだが、この戦い方では予選で勝てないということなのだ。1回、3回、4回のチャンスで本当は15点以上取るべきだったのだ。

「お前たちは打席で何してるんだ？　打席でヒット打とうとしている？　それじゃダメなんだよ！　何がなんでもヒットじゃなくて、何がなんでも振るぞ！　だろう。大体、打つのは球じゃない。物体なんだよ」

いわゆる「野球」をするな、と監督は言いたいのだろう。

「俺たちは小賢《こざか》しい野球、ちょっと上手《うま》いとかそんな野球はしない。自分たちのやりたいことを仕掛けて、そのやり方に相手を引っ張り込んでやっつける。俺たちは失敗するかもしれない。勝つこともあれば負けることもあるけど、勝つという可能性を高めるんだ！　これなら国士舘や帝京にも通用するんだよ！」

拳《こぶし》を握りしめて青木監督は激昂《げっこう》した。弱者の兵法、下手の矜持というべきか。上手くなって勝とうとするのではなく、下手は下手で勝つのだ。

部員たちは神妙な様子だが、よく見るとそれぞれ考え事をしているようだった。察するに、彼らは「監督が今話しているから自分は聞いている」と動作を論理づけているのではないだろうか。試合でのプレイもそうだった。守備の時は「球が来たから捕る」「捕ったから投げる」。打撃の際も「球が来たから打つ」あるいは、「打てそうだから打つ」「打ったから走る」という具合に動作を論理づけているようで、それゆえに論理と論理の隙間《すきま》でついのんびりしてしまうのである。私自身のんびりした体質なのでよくわかるが、のんびりしていると常に状況に出遅れる。青木監督が大木君に指示していたように、野球しているのに「野球しようとする」とそれだけで出遅れてしまう。これは理屈から入る開成の宿命のようなもので、打開するにはやはり取れる時に大量得点をして終わりにするしかないのだろう。

大砲登場

練習試合が終わると、選手たちは夕闇《ゆうやみ》まで各自練習をする。ナイター設備のない開成にとっては球の見える時間が貴重なのである。練習する姿の中でひときわ目立つのは、試合で豪快な2塁打を続けて放った長江豊君だった。１８５センチの長身に堂々たる体格。「体重は何キロ？」とたずねると、「この前は96キロでしたが、昨日量ったら92キロでした。すみません。とにかく重いってことで」と照れ笑い。日焼けした顔に白い歯が光り、まるで強豪校の球児のような風格が漂っている。彼は素振りも豪快で、あたりの空気をぶるんぶるんと裂くようである。普段の練習でも彼の打球はあっという間にグラウンドの外へ消えていく。あまりに飛ぶので金属バットではなく木製バットを使うほどなのである。

「僕はプロに行きたいんです」

長江君がいきなりそう語り始め、私は目を丸くした。

——プロって、プロ野球のこと？

「はい。できればメジャーリーガーになりたいんです。バカらしいと思われるかもしれないんですが、最終的にはホームランの世界記録を塗り替えられると思っているんです。別になめてるわけじゃないですよ」

――そうなんですか……。

甲子園出場どころか、その先を目指していたのである。彼は幼少の頃から球技全般が得意なのだという。テレビの解説などを聞くとすぐにコツを飲み込み、体育の授業でサッカーなどしていても、同級生たちを相手に「後半しめていかないと」などと講釈を始めてしまうらしい。野球を始めたのは小学校1年生の頃。中学時代は開成中学の軟式野球部に所属しつつ、地元のシニアリーグの選手としても活躍していたそうだ。

――でも、なんで開成に来たの？

たまらず私はたずねた。こう言っては失礼だが、彼はいわゆる超進学校の優等生には見えなかったのである。

「小学生の時に日能研に通っていたんです。そこで一番上のクラスにいたんですけど、まわりがみんな開成を受けるっていうから、僕も受けたらたまたま入っちゃって。あんまり勉強もしてないし、流されて入ったんです。本当は早稲田《わせだ》実業に行きたかったんですけど」

飄々《ひょうひょう》と語る長江君。

——でも、あんまりプロ向きの高校ではないよね、開成は。

私が突っ込むと、彼はニヤリと笑った。

「逆に、開成に来たからプロになりたいと決意できたんです」

——どういうこと？

「プロになる環境としては、ここは最悪じゃないですか。設備もないしグラウンドも使えないし。でもなんていうか、ここで頑張れたら、この先どこでもやっていける感じがするんです。実際、プロで活躍している人の多くは野球のエリートコース出身じゃないでしょ。プロって自己管理が大切だと思うんです。その点、開成はすべて自分で管理しなきゃいけない。人間関係とかじゃなくて、本当の野球の厳しさがここにあるんです」

開成は最悪ゆえに最適の環境ということか。彼は朝はもちろん、授業の合間の10分間の休み時間も欠かさず廊下などで、ぶるんぶるんと素振りをしているという。

——勉強のほうは大丈夫なんですか？

私は次第に心配になってきた。打撃に集中するのはわかるが、そこまで集中しなくてもよいのではないだろうか。

「勉強はしてません。この前、大学進学の塾もやめました」

――なぜ？

「勉強があるから野球ができない、野球があるから勉強できない、とか言い訳したくないんです。だって両方中途半端《はんぱ》になっちゃうじゃないですか。だったら勉強をやめてしまおうと思ったんです」

論理の飛躍というべきか。彼の打球のように論理も遠くに飛んでいくようで、私はしばらく目が離せないような気がしたのである。

3回⚾みんな何かを待っている

「野球はプレイとプレイの間に思考する時間があります」

キャプテンの瀧口耕介君がそう言っていたが、確かに野球の試合というのは、プレイより待ち時間のほうが長い。守備についた選手たちは球が飛んでくるのをじっと待っているわけで、ややもすると一度も飛んでこないこともある。打者たちもひたすら自分の打順を待ち、打席に立つと今度はピッチャーからの球を待つ。ピッチャーも投げるタイミングを待っているようで、みんな何かを待っている。待ち時間と待ち時間の間にプレイがあり、観戦する私もプレイを待っているうちに、ふと「あれっ、今、何回だったっけ?」「どっちが勝っていたんだっけ?」と取材メモをめくり返したりする。選手たちの一挙手一投足をじっと見つめ、「彼らは何を考えているのか?」と考えながら待っていると時間が間延びするようで、それまでの試合の経過を忘れてしまいそうになるのである。

もしかすると、野球は「待つ」競技なのだろうか。スポーツの世界ではよく「全力を尽くす」などといわれるが、それを野球に当てはめると、「全力で待つ」ということになるのだろうか。

来たらイヤだな

甲子園出場をかけた東東京予選を前に、開成は毎週土日に練習試合を行なっていた。その結果を見ると10―8、10―5、19―9、14―3……という具合に開成の圧倒的な連勝で、これが本予選なら甲子園にも出場できそうな勢いに思えたのだが、青木監督は試合を重ねるごとに苛立《いらだ》ちを深めていた。「完全に負け試合!」「俺たちはこんな野球をしようとしてるんじゃない!」と語気を荒らげ、しまいには、

「そんなんじゃ、生きていけない!」

と生き方にまで言及したのである。開成は10点以上取って勝ってはいるのだが、少ない得点を着実に重ねており、「ドサクサで一気に大量得点」しているわけではない。どの試合も打線が「爆発」せず、終わってみれば結果勝っていたという印象で、これでは開成の野球とはいえないのである。

「いつも準備ができていないんです」

青木監督がぼやいた。開成の問題点は「準備不足」らしい。

──ウオーミングアップとかですか？

私がたずねると彼はうなずく。

「ウオーミングアップにしても、試合の準備ではなくウオーミングアップのためのウオーミングアップになってしまっている。そもそも自分自身の中で勝負事に対する気持ちの準備もできていない。相手がどう出てくるかと予測して対応する準備もできていない。守備にしても『俺の所に来い！』と打球を呼ぶくらいでないとダメなんです」

──「俺の所に来るな！」じゃダメなんですね？

選手たちの気持ちを代弁すると、監督がさらりと切り返した。

「それならいいんです」

──い、いいんですか？

「『来るな！』というのは割り切った強い気持ちですから。割り切った時点ですでに強い気持ちになっていますから。実際に、そう声を出すというのもひとつの手です。自分から勝負を仕掛けることになりますしね」

高校野球では守備の選手は「さあ、来い、来い」などと声を出すことが定番だが、守備の弱い開成は「こっちに打つな！」、あるいは「僕は下手なんで、向こうに打て！」と声を出すべきなのである。確かに打者からすれば、「来るな！」と拒絶されると、「なんで？」と一瞬戸惑い、タイミングを外されるかもしれない。

「いけないのは『来たらイヤだな』という迷いなんです。不安を引きずったままプレイしちゃいけない。自分なりの主体的な意図を準備してぶつかってほしいんです」

そういう意味を込めて監督は、試合前に必ず「出遅れるな！」と選手たちに声をかけていた。しっかり準備して勝負しろということなのだが、監督がそう言うと選手たちも口々に「出遅れんなよ！」「出遅れてんじゃねえよ！」「出遅れてるヤツはいらねぇぞ！」などと発声するので、自分たちの出遅れを確認するような形になってかえって不安を煽《あお》り、さらに出遅れるようなのである。

6月に行なわれた埼玉県立岩槻《いわつき》商業高校との練習試合もそうだった。同校は専用グラウンドを持つばかりか「ＩＷＡＳＨＯスタイル　打ち勝つ野球」「人間力　岩槻から甲子園へ」などの垂れ幕まで用意しており、選手たちも試合前から闘志満々だった。一方、開成はいつも通り悠々とキャッチボールなどを始め、何やら楽しげに談笑したりしている。大リーガーのような風情《ふぜい》でもあるのだが、岩槻商業のマネージャーが出場する選手のメンバー表を取りにくると、まだ何も用意していないことに気がつき、慌《あわ》てふためく。試合前からいきなり出遅れたのである。

「まわりを見ながらさっさと準備しろ！」

監督が怒声を上げ、選手たちが「準備、準備」「準備しろよ！」などと唱和しているうちに、試合開始。それでも開成は1回に瀧口君の3塁打などで先制の1点、2回には相手のエラーやフォアボールと尾島慧亮《おじまけいすけ》君（2年生）のヒット、古川夏輝《ふるかわなつき》君（2年生）のランニングホームランなどで4点。さらに3回には八木翔太郎《やぎしょうたろう》君（2年生）の3塁打、齋藤卓志《さいとうたかし》君（2年生）の2塁打、尾島君の2塁打、古川君のヒットなどが続き、4点を追加した。この間、岩槻商業はヒットに続き、送りバント、デッドボール、ヒットという一般的な戦術で1点を取ったのみ。開成が圧倒しているようにも見えたのだが、監督は不服そうにこう叫んだ。

「ぬるい！」

本来なら1回、遅くとも2回に訪れたチャンスで一気に10点以上取り、相手の戦意を喪失させるべきなのだ。実際、岩槻商業はじわじわと戦意を上げているようで、開成は9点取って安心したのか戦意がどんどんゆるんでいくようだった。点数では勝っているのに気持ちが負け始めている。そして5回、先頭バッターの尾島君が左中間を抜けるヒットを放った。懸命に走ってホームまでかえり、見事なランニングホームランとなったのだが、なぜか審判から「アウト」の宣告。

彼は2塁ベースを踏み忘れたらしいのである。監督はいよいよ激昂《げっこう》し、6回の攻撃の前に「集合!」とベンチ前に選手たちを集め、踏み忘れこそ準備不足以外の何物でもないと滔々《とうとう》と怒った。神妙な顔の選手たち。その顔を見た監督はさらに怒る。

「なんでお前まで集合しているんだ!」

その日、ランナーコーチを務めていた選手や次のバッターまで集合しており、試合の進行を止めてしまっていたのである。「集合」と言われたら、状況も考えずに集合してしまう。そのこと自体が出遅れる原因なのだと監督は怒り、怒りが次の怒りの原因を生み出すようで監督はそれこそ身をよじらせて怒鳴り続けたのであった。

——2塁を踏み忘れたんですか?

おもむろに尾島君にたずねると、彼は首を傾《かし》げた。

「踏んだと思うんですけど。たぶん」

淡々と答える尾島君。彼は公立中学から開成高校に入学した。174センチ57キロの細身で、とても静かな佇《たたず》まいである。

——たぶん?

「はい。でもそれはあくまで審判が判断することですから。実は2塁ベースを回るところで砂埃《すなぼこり》が立ったんです。審判はベースに砂埃が立つと『踏んでいない』と判断するんです。審判が見て『踏んだ』と思われなきゃいけないんで、それは反省しないといけないんです」

物わかりがよすぎて、私は何を言っているのかよくわからなかった。彼は勝負というより野球のルールにおける審判の存在理由について論じているのだろうか。

——なぜ、砂埃が……。

「2塁ベースを回る時に、打球のゆくえを見ようとして体が立っちゃったんです。本当は1塁から3分の1くらいまで走ったあたりで打球を確認しておくべきだったんです」

尾島君は事細かに分析した。

——出遅れた、ということ？

「そうなんです。僕は守備もそうなんです。自分の所に打球が来ると予測しなきゃいけないのに、予測が足りないというか。いや、予測はしているんですけど、1歩目が出るのが遅いというか。本当は球がバットに当たる瞬間、いや、ピッチャーが投げる時から予測しなきゃいけないんですけど、それも遅れちゃうんです」

出遅れはどんどん遡《さかのぼ》っていくようなので、「そもそも野球はいつ始めたんですか?」と切り出してみると、彼はこう答えた。

「小2の時です。兄が地元のチームに入っていたので、僕も入りました」

――野球が好きで?

「いや、そこまで好きじゃなかったんですが、兄がやっていた流れで」

「そこまで」とはどこまでなのだろうか。私が言った「好き」というほどまでは好きではないということかもしれないが、私はそれほど「好き」かどうかは訊《き》いていない。

――やってみたら面白くなったんですか?

「というか、毎週土日に練習していたんで、それが習慣になって」

私が「好き」「面白い」と先に言ってしまうので、彼は引いてしまうのだろうか。

――でも、それで今も続けているんですね?

「ところが小6の時、兄が少年野球を引退して父の影響で卓球を始めたんです。それで僕も卓球をすることになって、中学に上がる時に卓球と野球のどちらを選ぶかすごく迷って、親ともよく相談したんですね。父は僕に卓球をやらせたかったみたいですが、僕はなんとか父を説得して野球部に入ることにしたんです」

父兄との葛藤《かっとう》の末に野球を選んだかのようである。

――なぜ、野球にしたんですか？

「やっぱり小2の時からやっているので慣れていますから。本気でやるなら早めに始めていたほうがいいですから」

出遅れまいとして彼は野球を選んでいた。早めに始めた安心感から、彼は出遅れてしまうのだろうか。いずれにしても開成の選手たちには妙な余裕が漂っている。慌てることはあっても切迫感がなく、いつまでも待っているかのようなのである。

文系で守って理系で打つ

「実は、学校自体がのんびりした雰囲気なんです」

保健体育の先生でもある青木監督が打ち明けた。野球部員たちの特徴は開成自体の特徴らしいのである。超進学校ではあるが、開成には能力別クラス編成もなければ、取り立てて大学受験に備えた体制があるわけでもない。授業も「生徒の自主性を尊重しながら」「基礎学力を養成」（同校HP）することに主眼が置かれている。各教科の先生は受験にとらわれず、それぞれが自主教材などをつくって、教科の土台となる素養をゆっくり時間をかけて教えるそうなのである。ある2年生によると、「先生も授業に遅れてくるし、生徒たちも勉強の話はほとんどしません。普段はみんな本当にのんびりしていますが、テスト（年数回行なわれる校内模試）になるとすごい点を取ったりするんです」とのこと。そんなに勉強しなくても取る時は取れるようなのである。部員たちに成績をたずねても余裕の様子。「僕は中の下です」「僕は１３０番です（学年４００人中）」「入学した時は13番でしたが、この前のテストでは50番でした」「僕は非常に悪いです」などとあっさり教えてくれる。ちなみにほとんどの開成高生は２年の秋に部活をやめる（硬式野球部を除いて）が、それも受験のためではなく、翌年５月に開かれる運動会の準備のため。中高含めて８チームの対抗戦が行なわれ、３年生が競技の運営すべてを担《にな》うのである。

「学校としては大らかでいいと思うんです。でも、こと勝負事にそれを引きずられると困ってしまうわけなんです」

と青木監督。そういえば、外野を守る八木翔太郎君もかなり泰然としていた。なぜ外野なのかとたずねると、こう答えたりする。

「外野は涼しいんです」

――涼しい？

「内野は緊張するじゃないですか。でも、外野って全体を客観的に見れるんです。気持ち的に余裕があって、それで涼しく感じるんですかね」

聞けば、彼は小学生の頃、地元のサッカーチームに所属していたらしい。しかし強豪チームと対戦すると「みんな足は速いしジャンプ力はあるし、歴然とした力の差というものを感じた」そうで、だから開成中学では野球部に入ったのだという。

「野球はそこまでの差を感じないんですね。どんなにすごいピッチャーが来ても、ひょっとしたら打てるかもしれないと思うんです。そもそも野球って、バッティングにしても確率は3割とかですよね。強豪校でも4割ですからね。そんなに高くないじゃないですか。甲子園にしても絶対行けないとはいえないと思うんです」

——でも、強豪校と違ってグラウンドで週1回しか練習してないでしょ。

私が指摘すると、彼はこう反論した。

「それはどうなんでしょうか。僕は練習はしすぎるとよくないと思うんです。練習することが当たり前になって、『明日やればいいや』とか考えて、集中力が欠けて意識が下がるような気がするんです。練習試合にしてもあんまり多くやると、だんだん勝ちへのこだわりも薄れていく。だから、これぐらいがちょうどいいと思うんです」

奇《く》しくもセカンドの佐《さ》伯《えき》兼《けん》太《た》郎《ろう》君（2年生）も同意見だった。彼は今調子がよいらしく、調子がよい時に下手に練習すると調子を崩すという。調子が悪い時には練習を増やしたほうがよいのかもしれないが、ずっと調子がよいのでその必要はないという。

――そういうものですか……。

八木君にあらためて確認すると、彼は首を傾げた。

「いや、わかんないですけど。でも、例えば自分の調子が悪くなった時に、バットを振る練習を増やしたりすると、逆にヘンなクセがついちゃうんじゃないかと思うんです。だからやっぱり集中してやったほうがいいと思うんです」

――勉強もそうなんですか？

彼はクラスでも上位の成績らしい。将来は医者を志望しており、内科医になるか外科医になるか考え中だという。

「勉強もそうです。僕は毎日コツコツ単語を覚えたりするのが苦手で、一気にガーッとやるのが得意なんです。短期記憶というんでしょうか。ただ集中力を保つのが苦手で、長時間勉強していると、ところどころでボケーッとしちゃう。気がついたら2、3分経《た》っていたということがよくあるんです」

――野球の試合でも……。

「野球はベンチなどで『休む時間』があるじゃないですか。そういう時もまわりの状況を見たりしなきゃいけないんですけど、なんかついボーッとしちゃいます。『間』

っていうんでしょうか。これは僕のもともとの性格なんでしょうか」

彼の気持ちはわかるような気がした。野球の9回×2は長い。「間」は「魔」でもあり、集中力はおろか、下手をすると私などは睡魔に襲われそうになる。そう考えると、「ドサクサで一気に大量得点」で早めにコールド勝ちを目指す開成のセオリーは、間を捨てる合理的な戦術なのかもしれない。

出遅れという点で、もうひとり目立つのはファーストの林遼太朗《はやしりょうたろう》君（2年生）だった。守備につく際などに「よいしょ」と言わんばかりに大儀そうに走り出すので、見るからに出遅れている。本人曰《いわ》く「僕は守備がからきしダメです」とのこと。「体は重いし不器用で苦手意識も強く、好きじゃないから練習にも積極的になれず、だから上手《うま》くなれないという悪循環に陥っている」らしい。

「野球の魅力はやっぱりバッティングです」

林君はうれしそうに答えた。彼は試合や練習中は険しい表情だが、こうして会話をすると一転して明るくなる。

――バッティングのどこが？

「手の感触です。球をバットの芯《しん》でとらえた時のあの感触は、もうたまらないです。本当にあれに勝る喜びは今まで感じたことがありません」

目を輝かせる林君。彼は開成中学で軟式野球部には入らず、バスケット部に所属していた。「軟式の球は柔らかく、凡打もホームランも感触が変わらない」からだそうだ。

――不器用というのは……。

「なんといっても守備ですね。球がどう来るか、体をどう使うか。例えば、ゴロに柔軟に合わせる、バウンドに合わせるというのが苦手なんです。こういうことは経験に基づいて判断することだと思うんですが、何しろ経験が少ないんで経験に基づいた判断ができないんです」

単なる言い訳のようだが、実際に開成はほとんど守備練習をしないので筋は通っていた。

「その点、バッティングは『何か』をつかめばいいんです。守備は経験を積めば積むほど上達しますが、バッティングはコツというか『何か』さえつかめばいい。もともと僕は細かいことが苦手なんです。勉強にしても、チマチマ単語を覚えたりしてると必ず途中で放り出しますね。なんか、こう、フラストレーションがたまるんです」

彼によると、文系科目は暗記の積み重ねが必要なので守備に似ているという。一方、理系科目は公式などのコツさえつかめば一気に伸びるので打撃に似ており、それゆえ彼は理系科目が得意らしい。開成は文系で守って理系で打つ。実際、文系科目のほうが得意だというショートの川原田《かわはらだ》直貴《なおき》君（2年生）はバッティングより守備が好きだと言っていた。

「守備はやることをちゃんとやればアウトにできるんです。でもバッティングはやることをやってもどうなるかわからないじゃないですか。確率でいえば守備のほうは9割9分ですが、バッティングは3割ですからね。このチームだとなかなかわかってもらえないんですが、僕は守備のこの確実な感じが面白いんです」

確実性を追求する彼は守備の事前準備もできているらしい。

「僕たちはあまり練習できないので、イメージを持つことが大切なんです」

——どういうイメージを……。

「ダイビングキャッチなどするのではなく、そこにしっかり足を運んでアウトにする。普通の人がダイビングキャッチになるところを、当たり前のようにそこにいて、当たり前のようにアウトにする。そこがいいんです」

——バッティングのほうはどんなイメージですか？

私がたずねると、彼ははにかんだ。

「バッティングは昔から苦手なんです」

——なぜ？

「なぜなんでしょうか。やっぱり『打ちたい』という欲があるからでしょうか。欲があるから球が来るとつい体が開いてしまう。欲がないにしても無意識のうちにそう思ってしまっているんでしょうか」

文系の苦悩というべきか。彼は打撃でも確実性を追い求め、開成でひとり、バントの練習に励んでいた。

迷いを吹っ切る

東東京予選大会を控えて最後の練習試合の相手となったのは、進学校の筑波《つくば》大附属高校だった。予選大会初戦まであと11日。朝からうだるように暑い日で、私などはただ立っているだけで汗が滴《したた》り落ちてきた。

筑波大附属は進学校ゆえにひ弱な選手たちかと思いきや、彼らはまぶしいほどの白いユニフォームに身を固め、実に機敏かつしなやかな動きでキャッチボールやゴロ練習を始めた。

「守備は上手いっすね」

敵の練習に感心する八木君。「そうだね」と相槌《あいづち》を打つと、

「これは鍛えられてますね……ノッカー（ノックを打つ選手）も上手いっすね」

何やら見物人のようなスタンスなのである。

「出遅れるな！」「出遅れんなよ！」

合い言葉のように誰からともなく叫んで試合開始。筑波大附属のピッチャーは大柄でゆったりとしたフォーム。投球練習を始めると、それに合わせるように先頭バッターの藤田智也君（2年生）がものすごい勢いで素振りをした。準備万端だとアピールするようで初回1番からの猛攻を予感したのだが、惜しくもライトフライ。続く2番の長江豊君（3年生）。彼は先日、学校のカウンセリングを受け、自己暗示法を学んだという。ホームランを打つには、事前にホームランをイメージさせる何らかの動作を決めておくらしい。彼はなぜか「正座をするとホームラン」と決めたようで、さっきから目をつむって正座をしていた。気合い十分の仁王立ちという姿で打席に入り、いきなり大きなフライを上げる。その場でじっと打球のゆくえを見つめる長江君。まだイメージの中にいるようで、「早く走れ！」と言われて慌《あわ》てて走り出すが、あえなくセカンドフライ。そして3番の古屋亨君（3年生）がレフト前ヒットを放って出塁するが盗塁に失敗し、この回の攻撃は無得点に終わった。

開成の先発ピッチャーはアンダースローの齋藤卓志君（2年生）だった。「練習のように投げる」というのが彼のテーマである。「本番になると練習と違う気持ちになっちゃうんで、練習と同じ気持ちに戻そうとして出遅れるんです」と齋藤君。いつも試合のつもりで練習すれば同じになるのではないかと私が指摘したが、なかなかそうはいかないらしく、彼は彼なりに事前準備を考えていた。

「自分の体の動きに集中するんです。試合になると『初球はストライクだ』とか『打たれたくない』とか余計なことを考えちゃうんで、そうではなくて、『右膝《みぎひざ》を曲げる』『左足を前へ』『体を開かない』とか考える。こうすると練習と同じですから、練習と同じ気持ちになれるんです」

ところが、筑波大附属の先頭バッターはいきなりバントの構えをした。開成はバントの練習をしないので、たちまち試合の気分になる。動揺したのか球は甘くなり、レフトオーバーの3塁打、右中間を抜ける2塁打を続けて打たれ、早くも1点を奪われた。

「ドンマイ、ドンマイ！」

誰かが声を上げると、青木監督が怒鳴った。

「ドンマイじゃない！」

監督は齋藤君ではなく、打球を持てあましたレフトの守備を叱《しか》り、さらには球審役を務める選手にも「遅い、遅い、審判の動きが遅い！」と叫んだ。結局1回に筑波大附属はフォアボール、盗塁、ヒット、送りバントで1塁のエラー、さらにバント、盗塁という確実な攻撃で計3点を取ったのである。

「これこそまさに出遅れだよ！」

監督は怒りまくる。グラウンドで首を傾《かし》げる選手には「いちいち表情に出すな！」「大喧嘩《おおげんか》！　大喧嘩！　ここ！」「こんな状況で緊張していたら世の中渡っていけない！」……しまいには、開成のピッチャーが投げるごとに「うおりぁー」「おっしゃー」と効果音までつけた。ある意味、いつも通りの檄《げき》なのだが、この日、私は今まで見たことのない光景を目にした。

「起きてんのか、おい！」

青木監督がベンチから叫ぶと、サードの藤田君が、

「起きてます！」

と返事をしたのである。さらにはサードゴロが来た際に彼が一瞬、後ろに下がってから捕球し、監督が「迷うな！」と叫ぶと、彼はグラウンドから「迷ってない！」と反論した。守備を終えて戻ってくると監督は藤田君に駆け寄り、「そんなサードは見

たことがない！」と激昂《げっこう》。すると藤田君はその時のプレイを釈明した。彼なりの状況判断を力説し、「言い訳だな」と言われても「言い訳です」と言い返したのである。

藤田君の爆発。打線より先に本人が爆発したようで、彼は「お前にかかってんだぞ！　振り切ってこい！」「1点じゃないだろう、こら！」と選手たちに大声を張り上げ、打席に入ると不敵な笑みを浮かべ、5回と7回には痛烈なヒットを放った。

「大事なのは、反省しないってことだと思うんです」

藤田君が真剣な面持ちで言った。

――反省しない？

「反省してもしなくても、僕たちは下手だからエラーは出るんです。反省したりエラーしちゃいけないなんて思うと、かえってエラーする。エラーしてもいい。エラーしても打ちゃいいやと思うとエラーしない。といってもエラーしますけどね。下手だから」

早口でまくしたてる藤田君。青木監督の言葉も「気にしない」ことにしたらしい。

「だって気にすると、それを引きずって別の場面で失敗しちゃうじゃないですか」

これは開成の抱える問題点だった。選手のほとんどが監督に言われたことをそのまますべてやろうとする。監督が「もっと下半身で打て」と言うと、下半身ばかり気にして上半身がおろそかになり、「もっと上半身で打て」と言うと、今度は下半身がおろそかになる。監督は状況に応じてヒントを与えているのだが、それを正解だと信じるかのようについてゆき、常についていくからいつも出遅れる形になるのである。

「勉強と違って、野球の試合は真面目《まじめ》である必要はないと思うんです。勉強は真面目にやれば、それだけ成績は上がります。でも野球の試合は真面目に一生懸命やろうとすると、それだけ緊張しちゃうんで、むしろ不真面目がいいんじゃないでしょうか」

彼はそう言って、「そもそも僕は守備が嫌いですから」と付け加えた。

——でも、なんでサードなんですか？

サードといえば守備の花形である。

「実はサードが内野で一番楽なんです」

さらりと答える藤田君。

——楽？

「セカンドやショートは1塁や2塁のベースカバーをしたり、外野からの返球をカットしたり、左右に動いてやることがいっぱいある。ファーストも毎回毎回球を受けなきゃいけないですから。でもサードは基本的に3塁だけおさえておけばいい」

——でも、打球が飛んでくるでしょ？

「バッターに近いですから強くて速い球が飛んできます。でも、それをビビらずに体の正面で止めればなんとかなります。左右に振られる打球なら、それはもうヒットですし」

彼は神奈川県の名門、聖光学院中学校の出身だった。同校の軟式野球部でサードを守っていたのだが、その野球に納得がいかなかったらしい。

「ゴロを転がして相手のエラーを待つ野球だったんです。軟式の球は飛ばないので、どうしても守備中心の野球になっちゃうんです。1回のエラーが勝敗を分けるような。俺はそれがイヤだった。ガンガン打つ野球がしたかったんです」

――それで聖光学院をやめたんですか？

「そうです。開成の硬式野球部は攻撃野球だと聞いて、行動に移しちゃったんです。開成なら打てば使ってもらえるんじゃないかと思ったんです。それに俺は接戦が嫌いです」

攻撃的な話になると、「僕」は「俺」になる。彼は納得のいく野球をするために、そのまま聖光学院高校に進学せず、あえて高校受験をして開成高校に入学した。開成は超進学校であるだけではなく、知る人だけが知る攻撃野球の名門校。目指すは甲子園なのであった。

結局その日の練習試合は、6—7で開成が敗れた。主砲、長江君がホームランを打ったりしたのだが、「一気に大量得点」には至らなかった。試合終了後、青木監督は選手たちを集め、「せめて思い切り振れ。守りに入るな」と語り、練習試合のまとめとしてこう付け加えた。

「いいか。せこい野球、小賢《こざか》しい野球なんてするな。そういう野球が勝つこともある。でもそんな野球が勝ってしまうと日本の野球のレベルは下がっちゃうんだよ！　野球は力や技が上回ったほうが勝つ。弱いヤツを集めたって力と技で勝てるんだ」

日本の将来を担《にな》う開成高校。かなり大袈裟《おおげさ》な話ではあるが、大きく出れば出遅れないという監督からのメッセージのようだった。東東京予選大会のパンフレットには、チームを代表して藤田君が「大会への抱負」を綴《つづ》っていた。

僕達のチームは「勢いのある攻撃」と「大崩れしない守備」をモットーに、先手必勝の野球を目指し日々練習に励んでいます。練習環境に恵まれなくても勝ち上がることはできるというのを示します。（東京都高等学校野球連盟編『第93回全国高等学校野球選手権大会　栄冠をめざして—東・西東京大会出場校選手名簿』平成23年）

事情を知らない人には今ひとつ理解しにくいかもしれないが、私には実に明快な勝利宣言に思えたのである。

4回⚾結果としての甲子園

甲子園出場を目指す――。

私はあらためて部員たちにその決意を確認したいと思った。

というのも、大会が近づいているのに彼らはどこかぼんやりしており、闘志というものが感じられない。キツい練習に耐えているというふうでもないし、そもそも彼らの口から「甲子園」という言葉をあまり聞いたことがないのである。しかし考えるに、「なんとしても勝て！」「自分たちの野球を見せてやれ！」と気合いの入った青木監督もなぜか「甲子園」とは言わない。私が監督や部員たちを前に「甲子園出場まで見守るつもりです」と宣言した時も、キャプテンの瀧口耕介君（3年生）が照れ笑いをするだけで、監督も部員たちもただ目を丸くしていた。野球部の保護者会でも私は同様の挨拶《あいさつ》をしたのだが、その際は保護者の皆さんの爆笑を呼んだ。練習試合を取材に来たあるスポーツ新聞の記者に「開成は甲子園に行きます」と予言すると、「ああ、そうですか」と苦笑いまでされ、もしかすると甲子園を目指しているのは私だけではないかと不安になったのである。

上から目線が好き

――甲子園に行きたいですか？

私のほうから切り出すと、キャッチャーの古屋亨君（3年生）が即答した。

「行きたいです」

彼は内野の守備が「普通に得意じゃない」らしく、その代わり「肩が強くて声がでかい」のでキャッチャーをつとめている。練習試合でも声を張り上げ、チーム全体を引っ張っているように見えるので、さすがに決意も固いのかと思いきや、こう続けた。

「行けるものなら」

――行けるものなら？

「はい、行けるものなら行きたいです」

行けるものなら誰でも行くはずで、これは決意とはいえないだろう。私が聞きたいのは「行けなくても行く」ぐらいの、熱い思いなのである。彼は「野球が好き」だと言う。「好きじゃなきゃ受験間際《まぎわ》までやってないっす」と熱く語りはする。そこで「野球のどこが面白いのか」と問うと、「普通に好きでやっているうちに、どんどん好きになった」とのこと。「特に打撃が普通に楽しい」らしく、どうやら「普通に」が口癖のようで、おそらく「甲子園に行きたい」より「行けるものなら行きたい」というほうが、普通の考え方なのかもしれない。

古屋君によると、大会を前に皆で話し合って決めたのは、ダッシュの練習を揃《そろ》ってすること。「野球は足が動かせることが一番」だという結論に到達したそうなのだが、なぜ今になってそんなことに気づくのかと私は驚いた。

「今の練習試合のままでは厳しいです。でも練習の力をしっかり出せば、ある程度は闘えると思います」

そう答えたのはレフトの白井慎一郎君（3年生）だった。何事も慎重な彼は「練習試合」と「練習」をきちんと分けて考える。しかし「厳しい」と「ある程度闘える」は状況としてはあまり違いがなく、要するに「甲子園出場は難しい」という悲観的な見通しを述べている。そういえば外野の八木翔太郎君（2年生）も、「（甲子園に）絶対行けないってことはないと思います」と力強く言っていた。口ぶりは決意のようでも、絶対に行けないことはないに決まっており、彼らは意志というより客観的に分析し、分析する意志のようなものを表明するのである。キャプテンの瀧口君なども甲子園はさておき、将来は高校野球の審判になりたい、と夢を語っていた。彼は野球に限らず「審判」という存在が好きなようで、相撲を見ていても取組より行司に目がいくという。

「なんか、こう、ゲームをひとつ上の目線で見たいんです。目線を上げて全体を見るのが好きなんです」

いわゆる「上から目線」ということか。もしかすると彼らには当事者意識というものが欠けているのかもしれない。甲子園に行くのは自分たち。君たち自身が甲子園に行くのではないのか。開成が甲子園に行くとこれまでほうぼうに吹聴《ふいちょう》してきた手前、行ってもらわないと私も困るのだ、と言いたくなったのだが、その期待に応《こた》えてくれたのは開成の巨砲、長江豊君（3年生）だった。

「甲子園は注目されるチャンスです」

彼の夢はプロ選手になること。その当事者として注目を浴びる必要があるのだ。ちなみに彼はゆくゆくは大リーガーとなり、ホームランの世界記録を塗り替えるつもり。その第一歩を甲子園で踏み出すのである。

――行くしかないですね。

私がうなずくと彼は続けた。

「でも、僕にとっては公式戦一試合一試合が勝負なんです」

——もちろん、そうだろうけど……。

「だから甲子園に出れなくても、初戦で帝京（高校）と当たりたいですね」

——出れなくても？

「帝京と当たれば、そこにスカウトの人たちが見に来るじゃないですか。そこで2本ホームラン打ったりすれば、注目されるじゃないですか」

彼の場合、当事者意識が強すぎて甲子園を飛び越えてしまうのである。

——なぜ、そんなにプロにこだわるんですか？

私がたずねると、彼はこう答えた。

「両親がふたりとも中国人なんです」

聞けば、彼の両親は中国で日本語教師だった。30代の頃に来日し、アルバイトをしながら日本語を研究。そして現在、大学の非常勤講師として中国語を教えながら、都内で中国語教室を開いている。

「両親は本当に苦労して僕を育ててくれました。その苦労に比べれば、僕の夢なんてちっちゃいことなんです。勉強をやめてプロになるという話をした時、両親は『バカじゃないか』と反対しました。でも今は応援してくれているんです」

——じゃあ、頑張るしかないね。

決意というより彼なりの覚悟を聞いたようで、私はうなずくしかなかった。

「だから、甲子園に行く行かないという問題じゃないんです。僕はまだ大会で自分のベストを出していない。絶好調な時に帝京相手に三振するならあきらめもつきます。でもここ最近、僕は力を出し切れていないんです。それじゃ納得がいかないんです」

真剣な眼差《まなざ》しで私を見つめる長江君。彼らと話していると、「甲子園を目指す」というより、甲子園がだんだん小さくなり、遠ざかっていくような気がしてきたのである。

かねがね青木監督は「イメージが大切」と語っていた。週1回の練習では、プレイを体で覚えられないので、自分の中でプレイのイメージを準備しておく。打撃については、例えば長嶋茂雄《ながしましげお》のように「ス——ッと来た球をパ——ンと打つ」というように。言語化されたイメージによって体も動くようになる、というのが彼の持論なのであるが、だとするなら「甲子園を目指す」というのもひとつの言語化すべきイメージではないだろうか。目標も定まるわけだし、彼らのやる気を鼓舞するためにも、「甲子園」は重要なキーワードではないだろうか。

「正直な話、『甲子園』とポンと言われても、実感がわかないと思うんです」

監督にまでそう言われると、返す言葉もない。実は監督自身もかつては「甲子園」「優勝」などと連呼していたらしいのだが、自身の中にもイメージがわかず、やめたらしい。

——そういうものなんですか……。

「安定的な力を持った強豪校が、取りこぼしがないように気を引き締めるなら、『甲子園を目指す』というのも意味があると思います。でも、ウチの場合、1回戦で負けてもおかしくないわけですから。そんなチームが闇雲《やみくも》に『甲子園』と言っても、虚勢を張ることにはなっても、具体的なイメージは結ばないんです」

——しかし、何か目的というか目標のようなものがないと……。

私が言いかけると、監督が遮った。

「ですから、ウチの場合は『強豪校を撃破する』ということなんです。強豪校を撃破すれば結果として甲子園に行けるんです」

平成17年の東東京大会で開成はベスト16入りを果たした。そして惜しくも国士舘高校に敗れたのだが、その国士舘高校が優勝したので、あの時国士舘に勝っていれば彼らが甲子園に出場していたかもしれない。つまり「強豪校を撃破」すれば、結果的に甲子園に行ける。あくまで結果としての甲子園なのである。

確かに、ただ単に「甲子園を目指す」というと、何やら遠くを見るようで体も棒立ちになりそうだが、「強豪校を撃破する」と言葉にすれば、闘う姿勢になる。バットも思い切り振れそうで、まさにイメージが体の動きを呼び起こすのである。考えてみれば、開成のセオリーは強豪校を相手にした弱者の兵法。それを貫けば、おのずと結果はついてくる。結果を目的にしてしまうと結果が出ないのである。それに「甲子園を目指す」「甲子園に行く」では観戦に行くようでもあり、無意識のうちに気もゆみそうで、イメージとしては逆効果なのかもしれない。

偉大なるムダ

平成23年6月18日。第93回全国高等学校野球選手権大会・東西東京大会の組み合わせ抽選会が青山学院の講堂で行なわれた。

早い話、くじ引きである。東日本大震災の影響で春の大会に200校以上が参加できなかったので、今回は「シード制」が中止された。強豪校もそうでない高校も同等に闘う。平等なくじ引きとなったのである。今年東東京大会に参加するのは150校。

開成はキャプテンの瀧口君がくじを引くことになっているのだが、特に「願掛け」のようなことはしない。なぜなら「ベスト8、ベスト16入りを狙《ねら》うなら組み合わせが重要になりますが、ウチは優勝を狙っていますから」（青木監督）とのこと。通常、強豪校と当たらないように願掛けをしたりするものだが、開成の場合は「強豪校を撃破する」ことが目的。初戦で強豪校でないチームに当たってしまうと、そこで負けて強豪校と対決できなくなる可能性があるので、むしろ1回戦で強豪校と当たりたいのである。

抽選の結果、開成は2回戦からのスタートになった。初戦の相手は都立荒川商業高校と都立江戸川高校の勝者。パンフレット（東京都高等学校野球連盟編『第93回全国高等学校野球選手権大会　栄冠をめざして―東・西東京大会出場校選手名簿』）の「大会への抱負」などを見ると、両校とも強豪というより、妙にフレンドリーなのである。

「二年半、苦楽を共にしてきた仲間と一分でも長く一緒に野球をするために、そして、その先にある甲子園を目指して全力を尽くします」（荒川商業高校）

「部員68人、マネージャー3人の気持ちを1つにして一戦一戦、しっかりと戦っていきたいと思います。江戸高魂をみてください。応援よろしくお願いします」（江戸川高校）

大切なのは仲間とのチームワーク。野球とは信頼関係を深めるスポーツで、勝つことより一緒に戦うことに意義があるようなのだ。そういえば、この大会の主催者である朝日新聞の別刷り特集記事（『一瞬の夏、一生の記憶』平成23年7月9日）を見ても、各校は「全員野球」など仲間意識をモットーにしていた。例えば、松蔭《しょういん》高校の場合――。

「笑顔が絶えない私たち計14人の部員は、チームワークは世界一。目指せ甲子園」

笑いも重要なポイントのようで、「和気あいあい心は熱く、毎日楽しく全員野球！」（東京成徳大高校）とうきうきした気分を表明したり、自らを「モットーは『常笑軍団』」（都立立川高校）と呼んだりする学校もある。笑うだけかと思うと、「喜怒哀楽を共有することをモットーに、最後まであきらめず戦います」（都立大森高校）とあらゆる感情の共有を訴えたり、野球以外でも共有するのか、「どんなときでも仲間を信じ、自分を信じ、一生懸命プレーします」（郁文館高校）という学校も。そこまで信じていいのだろうか。後になって「信じていたのに裏切られた」などと揉《も》めるのではないかと私などは心配になる。協力するという意味で「みんなで穴を埋め合って、確実なプレーをしていこうと思います」（巣鴨《すがも》高校）というならまだわかるが、「自分たちは個々の力は強くありませんが、全員のつながりで勝ちます」（拓大一高）とまで遜《へりくだ》ることはないのではないだろうか。

そしてなぜか目立つのは「愛」である。例えば——、

「誰からも愛されて甲子園に出場すること。感謝・努力・自立」（都立高島高校）

「『皆から愛される』をモットーに夢ではなく目標として甲子園を目指します」（都立富士森高校）

彼らは「愛」に飢えているのだろうか。他にも「誰にでも応援されるチームをモットーに、まずは初戦突破を目指します」（京華高校）、「応援される立場としてふさわしいプレー、態度を心掛ける」（渋谷教育学園渋谷高校）という具合で、彼らは野球で勝つことより周囲への気遣いばかりに専念しているかのようなのである。

その点、同紙に掲載された開成の「抱負」は明快だった。

「プロ注目の投手と対戦し、力を入れている打撃をぶつけて打ち崩したいです」

要するに強豪校撃破。開成だけが、いうなれば喧嘩《けんか》腰《ごし》なのである。

「野球には教育的意義はない、と僕は思っているんです」

青木監督はきっぱりと言った。野球はゲームにすぎないと。

——そうですよね。

私がうなずくと監督が続けた。

「野球はやってもやらなくてもいいこと。はっきり言えばムダなんです」

――ムダ、ですか？

「これだけ多くの人に支えられているわけですから、ただのムダじゃない。偉大なるムダなんです」

――偉大なるムダ？

「とかく今の学校教育はムダをさせないで、役に立つことだけをやらせようとする。野球も役に立つということにしたいんですね。でも果たして、何が子供たちの役に立つのか立たないのかなんて我々にもわからないじゃないですか。社会人になればムダなことなんてできません。今こそムダなことがいっぱいできる時期なんです」

――しかし「ムダ」だと言い切ってしまうと、何のためにやるのかと……。

「ムダだからこそ思い切り勝ち負けにこだわれるんです。じゃんけんと同じです」

――じゃんけんですか？

「勝ったからエラいわけじゃないし、負けたからダメなんじゃない。だからこそ思い切り勝負ができる。とにかく勝ちに行こうぜ！　と。負けたら負けたでしようがないんです。もともとムダなんですから。じゃんけんに教育的意義があるなら、勝ちにこだわるとなんか下品とかいわれたりするんですが、ゲームだと割り切ればこだわっても罪はないと思います」

確かにそうである。そもそもお互いが勝とうとしなければゲームにもならない。「信頼」や「思いやり」などは日常生活で学べばよいわけで、なにもわざわざ野球をすることもない。野球は勝負。勝負のための野球なのである。

偉大なるムダに挑む開成高校硬式野球部。すべてがムダだから思い切りバットを振る。どのみちムダだから遠慮はいらないのである。

ノーサインチーム

7月13日。

開成の大会初戦は、東西線西葛西《にしかさい》駅から歩いて5分ほどにある江戸川区球場で行なわれた。午後2時スタート予定の第三試合なので、1時頃に球場を訪れると、球場のまわりでは揃《そろ》いのTシャツを着た女性たちが肩を寄せ合って泣いていた。その日の第二試合で強豪校の国士舘高校が、やはり強豪校の関東一高に8—0で7回コールド負けしたのである。高校野球は家族ぐるみの対決。強豪校となると力の入れ方も尋常ではなく、負けた時には悲しみが球場全体を覆《おお》い尽くすようだった。

開成の相手は1回戦で荒川商業を6―4で破った江戸川高校。3塁側スタンドには生徒たちが詰めかけ、「全員野球」と記された垂れ幕にブラスバンドも待機している。同校は3年前に5回戦まで勝ち進んでおり、学校を挙げての応援のようである。一方、1塁側開成のスタンドには制服姿の生徒をちらほら見かける程度で、あとは一般のお客さんの風情《ふぜい》である。ブラスバンドも応援団もおらず、聞けば、「特に何もしない」というのが開成の応援の伝統らしい。

「1番、サード、藤田君。2番、センター、長江君、3番、ピッチャー、瀧口君……」

球場にウグイス嬢のアナウンスが流れる。

夏の日差しを照り返す芝の緑。そこに縦縞《たてじま》ストライプのユニフォームを着た開成のメンバーたちが走り出してきた。彼らをこの距離で見るのは初めてで、そのどこかぎこちない走り方を目にしただけで何やら胸に込み上げてくるものがあり、私は思わず「頑張れ」とつぶやいた。

試合前のシートノック。通常、野球部の助監督などがノックするものらしいが、開成には助監督もおらず、「守備では絶対に出場しない」と確約された渋谷《しぶや》元樹《もとき》君（1年生）がバッターボックスに入る。そして球をふっと上げ、いきなりチップ。場内がどよめき、失笑がもれる。

しかしこれでこそ開成である。下手を自覚し、思い切り攻めるのだ。渋谷君のノックは開成の守備の隙《すき》をつくように、難しいゴロを連発。サードの藤田君などはスライディングキャッチで全身土まみれになって球を捕った。ここでファインプレイをしても仕方がないのだが、エラーは目立たず開成の守備の調子はよさそうだった。一方、江戸川高校のノックは華麗だった。それぞれの守備位置に正確に打球が飛び、実になめらかな動きで捕球してファーストへ。最後には外野からひとりずつバックホームの返球をして下がっていき、キャッチャーがキャッチャーフライを捕って終了。一種のパフォーマンスを見ているようで、3塁側のスタンドは早くも大いに盛り上がった。

両校がホームベース前に整列して礼。サイレンが鳴り響き、いよいよ試合開始である。

先攻は江戸川高校。マウンドに瀧口君が立ち、キャッチボールを始める。数日前に頭を五分刈りにして気合いの先発だ。サイドスローともアンダースローともとれる微妙な角度からの投球で、1番バッターはサードゴロ。サードの藤田君は一瞬、硬直したが、球の感触を吟味するように確実に捕球し、投球動作に切り替えてファーストへ。アウト。これだけで我ら1塁側には大歓声が上がる。続く2番バッターはセカンドフライ。3番バッターにはレフト前ヒットを打たれたが、4番はファーストゴロに抑え、まずまずの出足である。その裏の開成の攻撃は、1番の藤田君がライトフライ、2番、長江君はセカンドゴロ、3番瀧口君もセカンドフライで3者凡退。いずれも大振りの豪快なスイングで、結果こそ出なかったが、爆発を予感させる。それに江戸川高校の選手たちはブラスバンドの「かっとばせ~○○」という歓声に乗って振っているようだが、開成は自力で振っているようで何やら頼もしいのである。

しかしピンチは早くも2回に訪れた。江戸川高校の先頭バッターがいきなりレフトオーバーの2塁打を放つ。続く打者もショートの頭上を越えるヒット。ノーアウト1塁3塁となり、瀧口君のワイルドピッチで2塁3塁となり、続けてフォアボールを出して満塁。そして先取点を狙って次の打者はバントの構え。いつもならこれで3点は取られるパターンなのだが、打者はバットを振ってファウルフライとなり、それをファーストの林遼太朗君(2年生)が見事にキャッチ。そして続く打者がセカンドゴロを打つと、開成はなんとダブルプレイで攻撃を封じたのである。

1塁側スタンドにまるで勝ったかのような大歓声が上がった。思わず私も立ち上がり、ガッツポーズをした。「大崩れしない守備」どころか「上手《うま》い守備」ではないか。

そして2回裏、開成打線は徐々に火を吹き始めた。4番の古屋君はショートゴロに終わるが、5番の八木君は痛烈なサードライナー。打球が強すぎて江戸川高校のサードがこれを捕球できなかったのである。藤田君なら捕れたかもしれない、と私はふと思った。こういう強烈な打球の場合、江戸川高校のようになめらかに動くより、藤田君のようにその場でしっかり捕球し、捕球したら1塁に投球するというぎこちないプレイのほうが実は有効なのではないだろうか。続く6番、佐伯兼太郎君（2年生）も強烈な当たりのサードゴロ。アウトにはなったものの開成の打力にひるんだのか、7番、近藤駿一君（3年生）がフォアボールで出塁。1塁2塁のチャンスをつかんだが、8番林君はライトフライ。残念！

開成の攻撃が特異なのはサインプレイがないことだった。江戸川高校の打者は1球ごとにベンチを見てサインを確認する。指示を受けるのである。ところが開成にはそれがない。すべて自分で判断するわけで、開成はこの大会では異例のノーサインチームなのである。青木監督によると、「サインを出して、その通りに動くというのは練習が必要です。ウチはそんな練習をやらせてあげる時間もないし、選手たちも器用じゃありませんから。バントしろと指示をしたって、そもそもバントできないですからね。それに、サインを見るというのは一種の習慣でして、ウチの選手たちは見る習慣がないから、出しても見落とすんですよ」とのこと。指示を出しても意味がないということだが、いずれにせよ大量得点にサインは要らないのである。

3回の表、江戸川高校は無得点。その裏に開成は9番、川原田直貴君（2年生）がフォアボールで出塁。続く1番、藤田君がデッドボールで1塁2塁のチャンス。そこへ2番、巨砲の長江君が以前にも増して気迫ある仁王立ちの構えからレフト前ヒットで満塁。そして3番の瀧口君がセカンドを越えるヒットで、一挙に2点先取したのだ。開成が試合の流れをつかんだように見えたのだが、4回の表に思わぬ事態が起きた。江戸川高校の先頭打者がファーストのエラーで出塁。続く打者が放ったピッチャー返しの打球が瀧口君の太腿《ふともも》を直撃し、彼はその場に倒れこんでしまったのである。

騒然とする場内。瀧口君はほとんど身動きできず、いったんおんぶされて退場。しばらく治療の後、瀧口君はそのままファーストに入り、ピッチャーは大木拓人君（3年生）に交替した。全身の体重をかけるように投球する彼は、体重をかけすぎるようで先頭バッターにいきなりデッドボールで満塁のピンチとなる。彼はストライクが入らず、続く打者にフォアボールを与えてしまい、押し出しの1点。さらにもうひとりにフォアボールで1点。そしてレフトフライでタッチアップ、続いてレフト前ヒットで2点を加え、開成はこの回に4点も取られてしまった。そして6回にはヒット、2塁打に続く2塁打で、2点の追加点。6―2となってしまったが、開成は冷静だった。

なぜなら守備にはほとんどエラーがなかったから。開成にとっては打たれるのは当たり前のことで、守備は大崩れしないことが重要なのである。

最後までフルスイング

6回の裏、開成は気迫で点数をもぎ取るような反撃に出た。6番の佐伯君がフォアボールで出塁すると、7番近藤君がセンター前ヒット。8番の大木君がバッターボックスに立つと、ピッチャーがいきなりワイルドピッチ。ランナーは2塁3塁に進み、大木君がピッチャーゴロを打つと、佐伯君がホームにかえり、大木君もセーフで1点。そして9番の川原田君が打席に立つと、ランナーたちは盗塁して再び2塁3塁となり、彼は強烈なサードゴロを放ち、サードがエラーして、もう1点。そして打席に立った1番の藤田君がものすごい勢いで空振りをすると、再びランナーたちが盗塁して2塁3塁。藤田君は痛烈なショートゴロを打ち、ショートがエラーしてさらに1点。続く2番、長江君はフォアボール、ケガから戻った3番瀧口君がレフト前ヒットを放ってさらに1点。この回都合4点を挙げ、開成は同点に追いついたのである。

開成打線は今ひとつ爆発しないが、ランナーたちがひたすら走る。打線が爆発しなければランナーが爆走する。相手のエラーと盗塁の繰り返しで開成は流れを引き戻したのだ。

6回を終えて6—6。その先は接戦だった。7回表、江戸川高校はサードの悪送球で出塁。送りバント、2者続けてのフォアボールで満塁のチャンスを迎えたが、ピッチャーゴロがダブルプレイとなって無得点。その裏の開成の攻撃は佐伯君がバントの構えからセンター前ヒットを放ったのみであっさり攻撃終了。ところが8回表、江戸川高校は右中間を抜ける2塁打を放ち、続く打者がセンター前ヒットで1点を挙げる。ここでピッチャーは再び瀧口君に。ウグイス嬢の場内アナウンスが流れる。

「サードの藤田君がファーストに回り、ファーストの瀧口君がピッチャーに回り、ピッチャーの尾島君がサードに回ります」

シャッフルするように守備位置を替える開成。そのかいあってヒットを1本打たれたものの、続く2者はサードゴロ、ファウルフライ。8回のピンチを1点に抑えた。

7—6。

8回の裏の開成の攻撃は、先頭バッターの藤田君が初球打ちでセンター前ヒットを放ったが、長江君がライトフライ、瀧口君は三振、古屋君がサードを強襲するゴロでエラーを誘って出塁するも、続く八木君がファウルフライを捕られて無得点。そして

9回表の江戸川高校も無得点でいよいよ9回裏を迎えた。

開成最終回の攻撃。

もはや大量得点は要らない。1点でいい。2点ならなおさらいい。

打席に入ったのは6番の佐伯君だった。彼は韓流スターのようにさわやかな青年で、ここでさわやかに決めてくれと念を込めたのだが、セカンドゴロ。続く7番、近藤君。彼は「打てそうな時と打てなさそうな時が歴然としている」と言っており、今日は何やら打てなさそうな気配を発しているが、幸いフォアボール。青木監督は早速、チームで最も俊足の池田《いけだ》拓馬《たくま》君（2年生）を代走に出した。そして打席には代打の白井慎一郎君。今日はずっと控えに回っていたが、監督が「ここで打つ可能性が最も高いのは白井」と判断したのである。

細身の彼が静かに打席に立つ。そういえば彼は打席が好きだと言っていた。みんなが注目してくれるから好きとのことで、まさに今こそ堪能《たんのう》すべき時だ。

初球はボール。第2球もボールで、すかさず池田君が盗塁し、2塁へ。そして白井君は3球目を空振り。4球目も空振りすると、2塁にいた池田君が3塁に盗塁成功。一般的なセオリーならここでスクイズである。確実に1点を取ってまず同点に追いつくというのが妥当な戦術なのだろうが、開成は最後までフルスイングである。ピッチャーの投げた球はボール。ボールカウント2―3となり、次の1球を白井君は思い切り振り切った。結果は三振。手首をひねったのではないかと思えるほどの三振で、彼はニッコリはにかむようにベンチに戻った。そして続く9番、川原田君も同様に豪快な空振りを見せ、最後は見逃しの三振に終わった。

球場に試合終了のサイレンが鳴り響き、選手たちがホームベース前に整列。そして開成のメンバーたちが1塁側のスタンド前に駆け寄り、キャプテンの瀧口君が、

「ありがとうございました！」

と頭を下げ、そのまま膝《ひざ》を折るように泣き崩れた。

最後に江戸川高校のブラスバンドが応援歌を演奏し「フレーフレー開成！」と大合唱。それに応《こた》えるべく、開成側のスタンドでもみんなで「フレーフレー江戸川！」と声を合わせた。

選手たちは急《せ》かされるようにベンチの荷物をまとめ、球場の外へ。行ってみると三振した白井君が大声を上げて泣いていた。どう声をかけたらよいものかと見つめていると、瀧口君が私のほうに近寄り、帽子を脱いで、

「本当にすみませんでした」

と深々と頭を下げた。

――いい試合でした。

私がそう言うと、彼は「そうですかね？」といつもの照れ笑い。客観的に見ても、これはいい試合だった。点差を競う形になったので、開成のセオリーとは少し異なるが、結果としてそうなっただけで、攻撃自体は大量得点を目指すものだった。甲子園には出場できなかったが、それもあくまで結果としての甲子園不出場なのである。

「負けはしましたが、自分たちがやろうとしていることはある程度できました。十分とはいえませんが、よくやったと思います」

青木監督も上機嫌だった。守備も大崩れしなかったし、大量得点できそうなところまで得点できたと。

「白井も最後にちゃんとしたスイングをしてくれました。いいスイングをしても6〜7割は失敗するものですからしようがないです。それに代走で出た池田も自分の判断でよく走ったことが僕はうれしい」

開成の夏は初戦で終わった。じゃんけんに負けただけ、ともいえるが、じゃんけんにはじゃんけんの悔しさがあり、じゃんけんゆえに次こそは勝てるような気もするのである。

5回⑪ 仮説の検証のフィードバック

夏の大会が終わると選手たちは気が抜ける、というのはよくある話だが、開成の場合はそのままどこまでも気が抜けていくようで、選手たちの姿までひと回り小さくなったように見えた。おそらく3年生がチームを抜けたからだろう。以前はキャプテンの瀧口耕介君や古屋亨君らが「出遅れるな！」と叫び、出遅れまいと下級生たちがついていく。出遅れ具合にも差があり、そこに全体の方向性のようなものがうかがえたが、今は全員が黙したまま揃《そろ》って出遅れるので、何をしようとしているのかよくわからない。たとえるならブラウン運動のようなもので、それぞれが無秩序に揺れているような印象なのである。

やる気のゆくえ

静かなグラウンドを眺めながら、私は新キャプテンの藤田智也君（2年生）と話をした。開成では伝統的にキャプテンは自然に決まるらしい。話し合いや選挙などするまでもなく、1年生のうちからなんとなく決まっていくそうである。

「他に適任者がいないんです。自分がキャプテンに向いているとは思いませんけど。気性が荒いから」

右足首をさすりながら藤田君がつぶやいた。彼は硬式野球をするために聖光学院中学から開成高校に入り直した熱血球児である。練習中に足を捻挫《ねんざ》して右足だけサンダル履きだが、練習量の少ない開成でケガをする生徒などほとんどおらず、これもやる気の表われともいえる。

「僕らは週に1回しか練習がないわけですから、その練習は全部試合につながっていなきゃいけないと思うんです。常に試合を意識するというか」

彼はおもむろにキャプテンとしての抱負を語った。

「でもほら、見てください」

1、2塁間でグローブで顔を覆《おお》いながら談笑している林遼太朗君（2年生）らを指差す藤田君。

「ぜんぜん意識してないでしょ」

──それでキャプテンとしては……。

私が言いかけると、彼が続ける。

「でもここで、僕がキレることで動く集団ではないんです。『練習しろよ』と言ってもスネるだけですからね。だから僕は自分の姿勢で示すしかない。どうせ動かないことはわかりつつ。本当は誰にも言われなくても動いてほしいんですが」

──あんまりやる気がないんだろうか？

私がたずねると彼は即答した。

「いや、開成は気持ちが入るのが遅いんです。試合の前から気持ちを入れるべきなのに、試合が始まっても入っていない。入っていないこともわかっていないんじゃないかと思うんです」

やる気のなさの無自覚ということか。やる気がないのと結果的には同じことだが、キャプテンとしては自覚をまず促したいようである。

「開成の野球はあくまで強制ではなく、『自分に必要なことは自分でやる』ということです。理想はそうなんですけど、要するにサボっているだけなんです」

溜《た》め息をつく藤田君。そういえば佐伯兼太郎君（2年生）も、「調子が悪ければ練習を増やしますが、ずっと調子がよいのでその必要はないと思います」と自分に必要なことを自分で抑えているようだった。その彼が意外にも瀧口君に代わり、新たなエースピッチャーになったらしい。

――ピッチャーをやりたかったんですか？

佐伯君本人に確認してみると、彼は「いやあ」とはにかんだ。

「僕に投げさせてくれませんか、と言ったのが始まりなんですけど……」

かねてより彼はカッコよさにこだわっていた。飛び込んで球を捕ったり、グローブでトスしたりするのがカッコいいとのことで2塁を守っていた。ピッチャーはもっとカッコいいということなのだろうか。

――なんでそう言ったんですか？

「いや、僕のほうが他の人よりましなんで、ちょっと言ってみたんです」

――言っちゃったからピッチャー？

「そういうわけじゃありませんけど」

――じゃあどういうわけで？

「いや投げてみたかった感じがしたんです」

彼らに意志の確認をするのは骨である。最初から「やりたかった」と言ってくれれば済むところを、客観的描写を徐々に絞り込んでいくことでようやく意志のようなものに辿《たど》りつけるのだ。

ちなみに彼とバッテリーを組むことになる新キャッチャーは八木翔太郎君（2年生）。「外野は涼しい」という理由でずっとレフトを守っていたので、「なぜキャッチャーに？」とたずねると彼は目を丸くした。

「僕は前からキャッチャーですよ」

中学時代にキャッチャーだったという話を以前彼から聞いたこともあるような気がして、私が「ああそうだったね、中学時代に」と言うと、「いや中学時代はファーストです」。「じゃあその後に？」「いやその後はレフトです」。ではいつの話かというと数カ月前からとのこと。確かに「前から」ともいえるだろうが、私が訊《き》きたいのは「なぜ？」ということで、あらためて問い直すと彼はさらりとこう答えた。

「古屋さん（前のキャッチャー）が抜けたからです」

当たり前ではないかと今度は私が目を丸くした。そして「だから、その古屋君が抜けたところになんで八木君がなったんですか」と問うと、彼はうなずきながらこう答えた。

「いや、僕らの代は他に誰もキャッチャーになる人がいないからです」

私はしばしフリーズした。だからなぜ八木君が？　とさらに問い詰めても彼は「僕しかいなかったから」と答えるだろう。なぜ君だけなのかと訊いても他にいないからという答えになって問答が堂々巡りになる。おそらく、この「なぜ」という問いかけがいけないのだ。ここは正確に「他に誰もいないという状況下で君は率先してキャッチャーになろうという意志を持ったのか？」と訊くべきなのだろうかと考えて、ふと青木監督が常日頃放っている罵声《ばせい》を思い出した。彼の罵声も正確で論理が詰まっている。例えば、開成高校のグラウンドで試合が行なわれた際に外野に赤いコーンを置きっ放しにしているのを見ると、「それをどかせ！」と言うのではなく、「そこにコーンを置いたヤツはコーンを置くことの主旨を理解してない！」と叫ぶ。出塁してぼんやりしている選手には「ウチの野球には安心できる場面などない！」。守備で球を手にしてあたふたしたりすると、「人間としての基本的な動き方ができていない！」「そんなことは起こりえない！」。客観的に正確に怒鳴る。怒鳴ってはいるが命じているわけではなく、察するに生徒たちの自主性を損なわずに、客観性で追い詰めるのだ。

「僕たちはやっぱり何か抜けているんですかね」

遠くを見つめながら八木君がポツリと言った。

――なんでそう思うの？

「いや、他のチームを見ていると、例えばチャンスでヒットを打ったり、フォアボールが出るとその瞬間にワッと盛り上がるんですね。ところがウチの場合はワンテンポ遅れる。なんか、こう、遅れて喜ぶんですね。これって、やっぱり勝ちに対するこだわりが全体的に薄いということなんでしょうか」

――そうなんだろうか……。

私は返答に窮した。意志が抜けているといえなくもないが、彼らは自らこうして野球をしているわけで、意志がないというのは正確ではないだろう。それに私自身も「やる気があるのか？」と訊かれれば、それほどは「ない」ような気がするし、逆に「やる気がないのか？」と言われれば、ないことはないので「ある」ような気がしてくるわけで、もともと意志の有無は正確性に乏しいのである。

実験と研究

10月1日。開成で都立武蔵《むさし》高校との練習試合が行なわれたのだが、その時も八木君がいう勝負に対する薄いこだわりがグラウンド全体に広がり、相手チームまで包みこんでいるようだった。

開成の先発ピッチャーは林君。先頭バッターからフォアボールを連発して、あっという間に満塁のピンチを迎えた。「今、野球の勝負しているんだぞ」と監督の罵声を浴びて、さらにフォアボールを出し、押し出しの1点。続く打者も内野ゴロのエラーで1点。そこにもうひとつフォアボールで押し出しの1点。声をかけるにもかけようがないのか1年生が「まだ打たれてないぞ！」と激励するが、打てないボールばかり投げるとゲーム自体が崩壊してしまう。勝負以前にゲームとしてのピンチなのである。幸い、開成の狭いグラウンドは打席の上に張られたネットに当たるとアウトになるので、それに救われてひとりからアウトを取り、ふたりの内野ゴロをホームでアウトにしてようやくチェンジ。その裏の開成の攻撃では1番の池田拓馬君（2年生）がヒットするも、いきなり盗塁に失敗してアウト。2番の八木君はサードゴロ。3番のキャプテン藤田君はセンターオーバーの2塁打を放ち、続く4番の林君もレフト前ヒットでせっかく出塁したのに牽制球《けんせいきゅう》でアウト。

この日、開成はなぜかこのパターンを繰り返した。2番3番4番はヒットを打って出塁するが牽制球でアウトになる。相手ピッチャーは左投げ。足を上げ、投げるモーションに入ると彼らは決まって2塁に向かって走り始め、ところがピッチャーはそのまま1塁に牽制球を投げるのでアウトになる。「ゆっくりスタートすればいいんだ！」と青木監督が叫んでも、彼らは動きがゆっくりするだけで、スタートを切るタイミングは早いのでアウトになった。「バカ」「バカ集団」「これをバカと言わずして何と言う、バカ」と青木監督。やがて開成はヒットも出なくなり、見逃しの三振ばかりが続いた。そして守備のほうもキャッチャーの八木君がエラーを重ねた。ピッチャーが投げると彼は体を浮かせて球を捕りにいくが、球は体を浮かせなくても捕れる所に来るので普通のストライクも無理な体勢で捕ることになり、後逸した球が次々と審判に当たり、しまいには審判にまで「しっかり捕れ！」と注意される始末だった。

青木監督によると、これは下手な人にありがちな行動様式らしい。攻撃でも守備でも、球が来るとまず上半身が反応してしまう。上半身が球のほうに向かって先に動いてしまうと下半身の起動が鈍くなり、守備の場合は捕球すべき場所に移動できなくなるし、打撃の場合は十分なスイングができなくなる。ここで「やる気を出せ！」などと意志を問いただしたりすると上半身がさらに先に動いて、ますます出遅れることになってしまう。開成は全員が上半身先行になっているようで、バットは振れず、守備も呆然《ぼうぜん》と球を見送るようなプレイが相次ぎ、監督も誰を叱《しか》ればよいのかわからなくなっている様子で、「そう、こうやって振るんだ！　イチかバチか！」と相手校の選手のスイングをほめたり、「俺だけが気合いが入っているのか！」「さあやるぞ！　俺がなんでやるぞ！　って言うんだ。そのこと自体がおかしい！」と自らを責めていた。

そしてピッチャーがキャッチャーからの返球をジャンプして捕ろうとし、ジャンプから着地したところで捕球したりすると、「人間としての本能がぶっ壊れている!」「普通の人間生活を送れ!」と叫んだ。

結局試合は5—4で開成の負け。スコアは接戦のようだが、青木監督の罵声を浴びながら観戦していたせいもあり、何やら野球の試合というより、野球に出会った人間たちの原初の姿を見ているようだった。

「はっきり言って、今のチームの状態ではゲームになりません。レベルが低すぎる。これまでも打てない選手はいましたが、打てなさすぎる。スイング以前に、そもそも打席に立った時の心構えがなってない。勝負事だという意識がまったく欠けている」

青木監督が矢継ぎ早にぼやいた。

——どうすればいいんでしょうか?

「勝負事をやらせる。一球一球打席にかける、という形式にするんです。何回でも打てる、何回でも投げられるという考えが緊張感を薄くするわけですから。もともと練習がこんなに少ないのに、そういう考えを持つこと自体、論外なんですけどね」

——具体的には何をするんですか?

「グラウンドでやるのは『練習』ではない」

監督は意味不明なことを言った。

——練習じゃない？

「『練習』という言葉は、同じことを繰り返して体得する、という意味です。しかしウチの場合は十分に繰り返す時間もないし、体得も待っていられません。それにそれぞれが繰り返すべき何かをつかんでいないわけですから、『練習』じゃダメなんです」

——それで何を？

私がたずねると監督は明快に答えた。

「『実験と研究』です」

——実験と研究？

「グラウンドを練習ではなく、『実験の場』として考えるんです。あらかじめ各自が仮説を立てて、それぞれが検証する。結果が出たらそれをまたフィードバックして次の仮説を立てることに利用する。このサイクルを繰り返していくうちに、それぞれがコツをつかみ、1回コツが見つかれば、今度はそれを繰り返して体得する。そこで初めて『練習』と呼ぶにふさわしいことができるんです」

1球ごとに実験する。やること自体は同じだが、取り組む考え方を変えるのである。確かに私も「練習」と聞くと漫然とした疲労感を覚えるが、「実験と研究」なら目的意識を感じ、新鮮に響く。開成の選手たちは理系志望が多いので、彼らもこれなら生まれ変われるかもしれない。

課題は「とりあえず」

開成野球部がグラウンドを使えるのは週1回だが、それ以外の日は放課後（午後3時〜5時）にグラウンド脇《わき》の踊り場や校舎に隣接した坂道、トレーニング場などで自主的に練習することができる。各自そこで基礎体力をつけながら仮説を練り上げ、グラウンドで実験し検証するという段取りである。

ある木曜日、私が踊り場を訪れると古川夏輝君（2年生）が素振りに励んでいた。彼は毎朝欠かさず「朝練」（午前7時から8時までバドミントンのシャトル打ちをする）に参加しており、加えて月・水・金曜日の放課後に自主練習をしているらしい。

「僕の課題はステップを踏む時に、左足が出る位置がよくないことです」

バットを構えながら彼が溌溂《はつらつ》と説明した。

「つま先が、こう、開いているんですね。開くことでバットの軌道が、こう、こういう具合に問題になってくるんです」

何が問題なのか私には今ひとつつかめず、「解決策は見つかったんですか？」とたずねると彼は満面の笑みを浮かべてこう答えた。

「夏休み中になぜか1回だけうまくいったんです。その時は練習試合で1試合にツーベースヒットを3本も打ったんです。『あっこれだ！』と思いました」

——どうしたんですか？

「バットを短く持ってみたんです。それで『短く持てば打てる』とわかったんですが、その後またぜんぜん打てなくなりました。正直よくわからないんですけど、短く持ったから打てたんじゃなくて、短く持ったことで何かをしていたことがよかったんですね。それを『短く持つ』ということばかりに気がいっちゃって、結局打てなくなったんです」

——それで今は、何かをつかんだんですか？

私が訊くと彼は再びバットを構え、スローモーションでスイングを見せた。

「こう、足の幅を狭めて、こういうふうに上半身を軸に振ると安定するんです」

——上半身を軸にするんですか？

「そうなんです」

野球の基本は下半身のはず。上半身を軸にすると上下が歪《ゆが》んでしまうのではないか。

――古川君のスイングを見ていると、上半身を軸にするというより、全身の軸を定めてブレないようにしている、という感じですけど……。

私はさりげなく彼の考え方を修正しようと試みた。

「確かにそうですね。そうなのかもしれないけど、なんかイメージとして『上半身を軸にする』という感じなんです。まだ解決策とはいえないんですけど、自分でいろいろ試した結果、これで本当にうまくいったんです」

うれしそうに繰り返す彼のスイングを見ていると、彼のいう「上半身」とはつま先以外のすべてをイメージしているようなので、それを損なうべきではないだろう。自分でつかむコツとは、人に伝えるためのものではなく、あくまで自分の中の言葉なのだ。

「それと最近発見したんですが……」

彼はそう言いかけて、私を見つめた。

――何を？

「実は部屋の中で素振りができることがわかったんです」

――どういうこと？

「いや、部屋を片付けたら素振りができたんです。だから例えば家で数学の勉強するじゃないですか。数学が終わったら20本素振りをする。それで次の教科に移る。教科の切り替えとして素振りができるんですよ」

聞けば彼はアメリカからの帰国子女だった。1歳から小学校4年生までアメリカで過ごし、そこでベースボールに出会ったらしい。そのせいか「僕は野球のすべてが好きです」と屈託がない。中学校は日本の公立に通ったが、自由な校風に憧《あこが》れて開成高校に入学。ちなみに彼は塾には通っていない。本人曰《いわ》く「自分でしっかり勉強できるタイプ」なのだそうだ。

「僕は集中力が1時間しか持たないので、勉強も1時間で区切るようにしているんです」

彼はそう言って毎日のタイムスケジュールを説明した。帰宅するのは午後5時過ぎで、まず6時から7時の間に勉強して素振り。そして「親に頼んで夕食は7時にしてもらっているんです。そうすれば夕食の時間が勉強の休み時間にもなるじゃないですか」とのこと。食事を終えると7時半から8時半まで勉強して素振り。その後風呂《ふろ》に入る。こうすると「風呂の時間も勉強の休み時間になる」というわけだ。そして9時から10時まで勉強して素振りした後に、その日の弁当箱をきちんと洗う。やはり弁当箱を洗う時間が勉強の休み時間を兼ねることになるそうで、休み時間を経て11時には就寝する。無駄のない時間割。将来の夢は「時間とお金が十分にあれば動物学者ですが、現実的には医者」だそうで、医者になっても60歳を過ぎたあたりでアフリカに行きたいそうである。

「へえ〜へえ〜へ〜ほ〜」と万事無計画な私はひたすら感心した。彼は「実験と研究」がとてもしっくりくるようで、毎日が実験と研究のようだ。

「ただ僕は国語が苦手なんです。モチベーションが上がらないし、10分でイヤになる。帰国子女だから英語は得意なんですけど」

——なぜ国語が苦手なんですか？

「他の教科は答えを導くまでの確固たるプロセスがあるじゃないですか。でも国語にはない。答えを出したって模範解答と同じにはならないし」

——それって野球に似てない？

私が指摘すると彼は驚いたような顔をした。

「そ、そうかもしれません。共通点はあるかもしれませんね」

私は糸口を発見したような気がした。「コツ」や「イメージ」というのは詰まるところ言葉だし、バッティングもバットを球に当てる物理現象ではあるが、ヒットになる確率は3割なので、青木監督が言うように「とりあえず適当なタイミングで振って

は「とりあえず」、あるいは「さしあたり」という言葉のニュアンスが彼らには欠けているのではないだろうか。確固たるプロセスを飛び越えるこの「とりあえずやってみる」ことが大事。

「僕は国語という言葉が苦手なんです」

奇しくもそう告白したのは山田歩夢《やまだあゆむ》君（1年生）だった。彼は開成中学の軟式野球部を経て硬式野球部に入部した。中学受験の勉強をしていた頃は「勉強が楽しかった」らしく、全教科を通じて特にコツをつかむ必要もなく、「もとから普通にできて、そのままスムーズにできただけ」だったそうだが、中学入学後に国語や英語に苦手意識を持つようになったらしい。

「単語の意味とか、いろいろ覚えるじゃないですか。それでそれを当てはめたり使うだけですからぜんぜん面白くないんです」

そのせいかもしれないが彼は仮説も課題もはっきりしなかった。

「僕の課題はまず『落下地点に入る』ということでしょうか」

外野を守る山田君はエラーが多い。フライが上がると、落下地点に十分間に合う距離にいてもそのままじっと球のゆくえを見つめたり、落下地点にいるのにワンバウンドしてから驚いたように捕球している。

「球が来ると焦《あせ》っちゃうんです。『捕れない』と思っちゃうんです」

——焦らないようにすればいい。

「それが、焦らないようにしても『捕れない』と思うと本当に捕れなくなっちゃうんで」

——じゃあ「捕れる」と思えばいいんじゃないですか？

「いや、何も考えずにやれば捕れるんです。でも、何も考えずにやれば捕れる、と考えちゃうと捕れなくなる」

考えるに「捕れる」「捕れない」と可能性を吟味するのではなく、最初から「捕る」と決めればよいのではないだろうか。捕れるから捕るのではなく、「捕る」と決めることで捕れるようになるのではないだろうか。

——それより落下地点を予測できてる？

私がたずねると、彼は顔をしかめて首を傾《かし》げた。

「そ、そうなんです。それができないんですね」

彼の課題は予測すること。何やら話しているうちに仮説が整理されていくようである。

「僕は予測してるんですけどね」

早口で語り始めたのは石原健太郎《いしはらけんたろう》君（1年生）だ。彼も外野を守るひとり。実は彼は柔道部員でもあり、得意技が「背負い投げと体落とし」で、いずれも球を投げるのと同じ要領で相手を投げるので、兼部が相乗効果を生むらしい。

「予測はできるんですけど、距離感を間違えて打球が頭を飛び越えたり、自分の前に落としてしまうんです。野球はなんか予想外のことが起こる。球が真《ま》っ直《す》ぐに来ないで外に逸《そ》れたりするんです」

まるで打球に原因があるかのような口ぶりだった。

――それって、予測が外れているっていうことじゃないですか？

私がたまらず指摘すると彼はうなずいた。

「そうですね」

苦笑いする石原君。

――それに予測の範囲が狭いんじゃないですか？

「そうなんです。僕はあらかじめ限定的に決めちゃうところがあるし、臨機応変にできないものだから、うまくいかないんですね」

――そうだと思いますよ。予測の範囲を広げればいいんですよ。

「そうですね」

こうして言葉上の問題は解決したのだが、実際はそうはいかないと彼は唸《うな》る。

「バッティングも守備も球が目の前にあるとできなくなるんです」

彼もまた「できる」「できない」の狭間《はざま》で思い悩んでいた。「できる」ことをしようとするから行動も限定的になるわけで、いっそのこと「全部できないから」と開き直ればよいのではないのだろうか。

「来い」という考え方

1年生の中で仮説が最もしっかりしていたのは、サードを志望する多田《ただ》哲朗《てつろう》君だった。身長176センチで体重77キロ。高校球児としてもガッチリした体格で、彼は小学校2年生から野球を始めている。初めて野球を見た時に「あんな小さな球がなんで捕れるのか」と驚き、自分も捕ってみたいと思ったそうだ。そして早速地元の少年野球チームに入ったのだが、小4の時に塾での勉強が面白くなり、いったん野球をやめた。なんでも彼は算数の「補助線」という発想が好きで、補助線を閃《ひらめ》いた時のうれしさに「のめりこんで」、そのまま開成中学に合格。彼もまた国語が苦手だというが、苦手な理由もはっきりしていた。

「物語文はわかるんですけど、説明文が得意じゃないんです」

——なぜ？

「『筆者が言いたかったことは何ですか？』という問題があるじゃないですか。これがよくわからない。答えを見ると僕の解釈と大抵違うんですね。要約も苦手なんです」

——文章は理解できるんですか？

「できます。ただ『筆者が言いたかったこと』がわからないんです」

それでよいのではないかと私は思った。筆者の言いたいことはそこに書いてあることで、下手に要約すると往々にして違うことになってしまう。彼は「僕は深読みができない」と嘆くが、要約できないということは文を文として堪能《たんのう》しているということでもある。

「僕の守備の問題点は、まず腰が高いこと。そして1歩目が遅れるということです」

説明文のように彼は語った。

——腰が高いの？

彼は「はい」と元気よく返事をして守備の動きを私に見せた。腰を高くして捕球するとヘソのあたりにグローブがくる。そして腰を低くすると胸のあたりにくる。

「この違いです。腰を高くすると球と顔面が離れます。低くすると顔の近くで球を捕ることになる。つまり腰を高くするということは球がこわいということなんです」

無意識行動の自己分析である。

「腰を高くするから1歩目も遅れるわけです」

――問題点が明確ですね。

「明らかなんです」

――では、どうすればいいと思っているんですか？

「腰を低くして1歩目を素早く踏み出すことです」

――そのためには？

「1歩目を早くする。打球が来る前から1歩踏み出していればいいんです」

彼はそう言って、その場で踊るように足踏みをした。この状態で打球を待つ。つまり、あらかじめ踏み出しておく。「1歩目」にこだわるから出遅れるわけで「1歩目」をなくしてしまえばよいという解決策だ。

「あとは気持ちの問題ですね」

――どういう？

「球が『来た』と思っちゃいけないんです。『来た』という時点で気持ちが出遅れてしまいますからね。でも心に不安があると『来た』と思っちゃう。『来た』ではなく

『来い』。実際、調子がいい時は『来い』と思いますから」

「来た」は出遅れるが「来い」は先取りなのである。

──じゃあ調子の悪い時も「来い」と言えばいいんじゃないですか？

「それが問題なんです。『来い、来い』と言っても、もうひとりの自分がいて、それが『本当は来てほしくないんだろう』と言うんです。それで球が来ると、やっぱり『来た』とか思っちゃう」

──それは打ち消せないわけですか？

「そうなんです。でも僕は『来い』と言いたい」

彼は拳《こぶし》を握りしめてそうつぶやいた。聞けば、彼が硬式野球部に入ったのは「自分が変われる」と思ったからだそうである。

──どう変わると？

「ひと言でいえば、真面目《まじめ》になれるということです。中学の軟式野球部はゆるいんです。お遊びみたいで。それに毎日放課後に友達とトランプばっかりしてまして。僕はもっと厳しい環境に身を置きたかった。それで僕が学んだのはこの『来い』という考え方です。普段の生活でも自分から『来い』。そういうふうに考えたほうが得だと思うんです」

――得？

「どうせやるんですから、自分から『やるぞ！』と思ったほうが得ですよね」

――そう、だね。

損得は微妙だが、彼のいう「得」は「徳」に通じているのだろうか。

「僕は中学受験の頃は、自分が勉強ができるからといって『俺って頭いいだろう』と思ったり、人を見下したりするのはよくないことだとずっと思っていたんですが、そんなことより自分が上に行く。上に行こうと思えることこそが財産なんです」

彼の仮説は野球を越えて日常生活や人生にフィードバックされているようだった。

「僕は将来、国で働いて日本を変えたいんです」

――自分ではなくて日本を変える？

「いや、日本を変えることができた時に僕自身はどういう感情になるか知りたい。『やり遂げた』という感情。それを味わった時の自分を知りたいんです」

話がどんどん大きくなるようで、私はいったん野球に戻すことにした。その意気込みを今は野球にフィードバックしてほしいのである。

――甲子園は行きたいですか？

私がたずねると彼は苦笑いをした。

「正直言って、甲子園に行きたいと思ったことはありません。それより自分をもっと高めたいんです」

――野球で、じゃなくて。

「強豪校の選手たちはみんな地方から出てきて頑張っているわけでしょう。そういうところで自分ごときが『甲子園を目指す』なんていうのは申し訳ないです」

――申し訳ない？

「そうです、申し訳ないです。そういうことは彼らと同レベルに自分を高めてから初めて言えることじゃないですか」

強豪校に対しては「申し訳ないけど来い」という姿勢。言葉としては今ひとつ歯切れが悪いが、「申し訳ない」とは言い訳ができないという意味なので、覚悟の表明ともいえるだろう。

ともあれ、開成高校新チームの「実験と研究」は始まったばかりである。これは言葉の力を試す思考実験のようでもあり、彼らに訊《き》くことがそのままトレーニングにもなっているような気がして、私はあらためて気合いを入れ直した。

6回⚾必要十分なプライド

開成高校では中間・期末試験の期間中は部活動が禁止されている。試験自体が約1週間に及び、さらには試験前の1週間も試験期間中と見なされるので、都合2週間は部活動禁止。硬式野球部は週に1回しかグラウンドが使えないため、試験期間が始まる曜日によっては、1カ月近くグラウンドで練習できないことになってしまう。かねてより練習量が少ないことは承知していたが、実際に1カ月も空くと取材する私のほうもそれまでのことを忘れてしまいそうになるのである。

試験明けの土曜日の午後。早めにグラウンドを訪れると、ユニフォームに着替えた部員たちがゆったりとグラウンド整備をしていた。ほぼ1カ月ぶりの練習なので彼らも張り切っているかと思えば、そうでもない。むしろ体が馴《な》れずに動きが鈍いようでもあるが、以前から鈍かったのでそれもあまり変わりはなく、彼らはごく自然に練習量の少なさを受け入れているようだ。

「こんにちは」

キャプテンの藤田智也君（2年生）が私に声をかけた。ピッチャーの佐伯兼太郎君（2年生）も帽子をとって「こんにちは」と頭を下げる。久しぶりの再会で私も「こんにちは、元気？」と笑顔で返したのだが、挨拶《あいさつ》を交わしたのはこのふたりだけで、それ以外の部員たちはなぜか私の前を素通りしていった。私のことを忘れてしまったのか、と横から「こんにちは」と声をかけても返事がなく、気になった私は彼らの正面に回り、あらためて「こんにちは」と言うと、びっくりしたような顔をして「あっ、こんにちは」と答えた。

やっぱりそうか、と私は思った。以前から気になっていたが、彼らは目前しか見ていない。要するに、視野が狭いのだ。

試合でも彼らは球だけを見ている。守備は球だけをじっと見つめており、見つめているだけで移動しないからフライも捕れず、他の野手やランナーの動きにまでは到底気が回らない。打撃にしても球だけを見ようとするので、球に吸い寄せられるように体勢が前のめりになってバットが振れない。前回の都立武蔵高校との練習試合で青木監督が試みに「ヒットエンドラン」のサインを出していたが、打者も出塁した選手も球ばかりに気を取られてサインには目もくれず、青木監督は体中をまさぐるようにサインを出しながら、「サイン出してるぞ！」「サイン！」「サインをちゃんと見て！」と相手チームにもわかるような大声で叫んでいた。そういえば練習中に打球が私のほうに飛んできても、事前に「危ない！」と声をかけず、球が私の前に落ちたのを見て「あっ！」と叫んだりする。きっと「髙橋の所に球が飛ぶ」ではなく、「球を見ていたら髙橋がいた」というふうに状況を認識するのである。よくいえば、彼らには集中力はある。しかし集中するあまり視野が狭くなって注意力を失っているのだ。

視野を広げる。

というのが彼らの課題ではないだろうか。球を見ながら、全体も見る。物事を広く見て自分の役割を考えるべきではないだろうか。

一軍はゼロ

「それじゃテスト」

青木監督が声をかけると、部員たちは4組に分かれ、1組ずつ打席に入っていった。どれだけ遠くに飛ばせるかという打撃テストらしい。監督によると、現在の開成が抱える最大の問題は「バッティングの質の悪さ」。それを改善すべく、まずテストで部員の間に「序列」をつくり、それぞれのランクに応じて「今一番必要と思われる練習をさせる」ことにしたそうなのである。

ピッチャーが投げる緩球（ゆるい球）を3球打つ。これを3回行なって飛距離を点数化し打率を算出する。どうやって点数化するのかというとこれが複雑である。監督が独自に作成した「安打規定」によると、センター方向の打球の場合は「ワンバウンドでネット、フェンス等に当てる」と1安打、そこに「ダイレクトで当てる」、部室棟直撃以上」だと2安打、そして「部室前の防護ネットにダイレクトで当てる」と1安打。レフト方向の場合は、開成グラウンドに隣接する学習塾の「日能研の屋上の高さ以上」に飛ぶと、右打者なら1安打で左打者は2安打。「それ以下」の時は右打者は0・5安打で、左打者は1安打。ライト方向はネットの「上から2本目の支柱以上」の高さまで飛べば、右打者は2安打で左打者は1安打。「それ以下」の場合は右打者は1安打で左打者は0・5安打になる。開成グラウンドは専用球場ではないので形状が左右対称ではなく、「センター方向」「レフト方向」「ライト方向」をそれぞれ明確に区別する必要があり、例えば「センター方向」とは「左中間のネット段差部分から特別棟の左端まで」と定義されていたりする。部員からは「ライト前のブルペンのあそこに当たった場合は何点ですか？」と境界線の微妙な部分を指摘する質問が出たりして、私などは説明を受けているだけで頭が混乱してきた。

ともあれ、このテスト（3球×3回）を練習のたびごとに行ない、直近3回分のテストで打率4割を達成すれば「一軍」として登録される。そして2割以上で「二軍」、それ未満の場合は「育成」という具合に分類され、「一軍」登録を10回継続した場合は「殿堂入り」と認定されるらしい。

「一球一球が勝負」

という意識を持たせるためのテストでもあるらしいのだが、なぜか空振りが目立った。ピッチャーのコントロールが悪いせいもあり、打者たちはとても打ちにくそうで、上体が泳いでいる。監督に「意欲が足りない」と指摘されると、意欲を見せようとして前のめりになり、球とかけ離れた軌道で空振りしたりする。快音は一向に鳴り響かず、打球がピッチャー前の防護ネットに当たるかすれた音ばかりが聞こえるようだった。

「報告！」

青木監督が声をかけると、部員たちは列をつくってそれぞれの結果を白ら報告する。

「尾島、ゼロです」「多田、ゼロです」「佐伯、ゼロです」「渋谷、ゼロです」「池田、ゼロです」「古川、ゼロです」…………。

川原田直貴君（2年生）が「安打規定」を読み直して「あ、1です」。キャプテンの藤田君と林遼太朗君（2年生）、八木翔太郎君（2年生）を除き、全員がゼロ。監督のメモにはゼロが並び、監督はペンを持ったままフリーズした。

「バッティング練習するに値しない。練習はこれで終わりにしてもよし」

監督はうつむきながらつぶやいた。

「だって一軍がひとりもいないんだよ」

確かにこれでは、ほぼ全員が「二軍」どころか「育成」に分類され、同列になってしまうのである。

「これじゃ、小学生相手でも打てない」

監督がそう続けると全員沈黙。よくよく見ると部員たちの目線は監督のほうに向いてはいるが、やはり目の前の宙に焦点が合っているようで、聞いているというよりそれぞれが瞑想《めいそう》している様相である。

「球に対応しているとはいえない。球とは無関係にただ振っているとしか思えない。もうレベルが低すぎて練習メニューが組めないじゃないか」

青木監督はそのまましばらく考え込んだ。打撃テストは企画倒れということか。長い沈黙が続き、1カ月ぶりの貴重な練習時間が刻々と過ぎていく。監督と部員たちのちょうど間に挟まれるように座る私はここで何か発言したほうがよいのではないかとも思ったのだが、何も言葉が浮かばず、私も部員たちと同じように宙を見つめた。こうしていると一種の放心状態に陥り、視野もおのずと狭くなるのである。

結局その日は、安打を放った部員たちは通常のバッティング練習を行なった。そしてゼロの面々は校庭の周囲に植えられた巨木をプラスチックのバットでひたすら叩《たた》いた。バットを球に当てようとするのではなく、体重移動で打つ。右バッターの場合は右足に体重をかけ、左足に体重移動させつつ、一気にバットを振り切る。体を開いてからバットを振るのではなく、開くと同時に振る。青木監督曰《いわ》く「体ごと爆発！」。そして木を叩いた後は、サッカーボールでティーバッティング。ひとりがサッカーボールを上げ、それを思い切りバットで打つ。さすがにこれで空振りする部員はおらず、開成グラウンドにはバーンバーンという工事現場のような爆音が鳴り響いたのであった。

テンパるエネルギー

球がバットに当たらないという点で際立《きわだ》っているのは渋谷元樹君（1年生）だった。

彼は打席に立つと、全身から「迷い」のようなものが滲《にじ》み出す。振るべきか、振らずに見送るべきか。すでにホームベース上までバットを振り出しているのに、そこでもまだ迷っているようで、同じ空振りでもスローモーション映像を見ているかのようなのである。

「実は俺、まだ1回も本気で思い切りバットを振ったことがないんです」

彼はそう言って両手で顔を覆《おお》った。そして「最近はもう本当に目も当てられないんですよ」と嘆いて体を丸めた。

——練習でも？

少なくとも素振りなら思い切り振れるはずである。

「いや、マシーン（ピッチングマシーンのこと）ならまだいいんですよ。でもピッチャーと向き合うとダメなんです。例えばストレートが来たら打ちにいこうと思うでしょ。そこへカーブが来るとよけちゃう。打とうとしてよけるんじゃなくて、ただよけちゃう」

デッドボールでもないのに過剰反応してしまうらしい。

「それでその後、ど真ん中のストレートが来ると、なぜかバットが出ない。なんだかわからないけどぜんぜんダメなんです」

ピッチャーに翻弄されるということだろうか。

——とにかく1回、思い切り振っちゃえばいいんじゃないですか？

私がアドバイスすると、彼は「そう、そうなんですよ」とうなずいた。

「そうなんですけど、打席に入ると不安になるんです。なんというか自分を見失うんです。当てにいくんじゃなくてただ思い切り振ろうと思うには思うんですけど、自分を見失って自分で自分をコントロールできなくなって、体に沁《し》み込んでいることができない。体に沁み込んでいないのかもしれませんけど。とにかくいつも通りの力が出ないんですよ。いつも大したことはないんですが」

彼は常套句《じょうとうく》を発しては、それを自ら否定し続けた。

——考えすぎなんじゃないですか？

「いや、自分としては容量オーバーの状態なんです。テンパるというか最低限のことしか考えられないんです。例えば、2アウトでランナー3塁という場面があるじゃないですか。そういう時に、本当はバッターが打つ確率とホームスチールが成功する確率を比較して、どちらが高いか考えなきゃいけないのに、自分はそんなことも思いつかない。ぜんぜん考えつかないんです」

渋谷君はそう言って「ああ」と溜《た》め息をついた。彼は考えなくてよいことを考えようとするから行き詰まってしまうのではないだろうか。確率を比較しても確率の低いことも起こりうる。青木監督のいう「確率」も、あくまで部員たちを鼓舞するためのもので、その場で本当に確率について考え始めたらタイミングを逸することは間違いない。

「でも、そうやってテンパる自分とは別に、冷静な自分は一応いるんですけどね」

――いるんですか？

「いますね」

彼は宙を見つめた。

――だったら、その冷静な自分で振ったらいいんじゃないですか？

「ところがそれが実行に移されない」

即答する渋谷君。

――なぜ？

「テンパるほうのエネルギーというか勢力が強いんです。これってやっぱり、メンタルが弱いってことでしょうか。要するに臆病《おくびょう》ということですかね」

彼は打てない理由を羅列することで打てないことを補強しているように思えた。

――勉強のほうはどうなんですか？

唐突に話題を変えると、彼はにこやかになった。

「勉強は本番にめっぽう強いです」

きっぱり答える渋谷君。彼は開成中学軟式野球部出身。同期の人望も厚く、彼に憧《あこが》れて開成高校の硬式野球部に入部した部員がいるほどである。

「勉強してなくてもテストで冴《さ》える。なんかサラサラできちゃうんです」

——その要領で野球もやればいいんじゃないですか。

要は心持ちの問題なのである。

「でも俺、勉強してない、す」

——してないの？

「ホント、勉強嫌いですから」

——なぜ？

「中学受験で勉強しすぎて嫌いになっちゃって。中高一貫ですから、そんなに勉強しなくてもなんとかなるんで危機感というのを抱かないし。だからどうしても机に向かえないんです。やりたくない、やりたくねえ、やめようか、となっちゃう。体が拒否反応を示すんですね。電車の中で『ああ明日テストか』と思ってやろうとしても、ウチに帰ると急速に気持ちがしぼむ。本当にメンタルが弱いです」

――将来は？

「なんにも考えてないですよ。文系か理系かすら考えていません。ああもう……」

話は必ず「メンタルの弱さ」に行きつくようなので、私は再び話題を変えた。

――守備のほうのポジションは？

「なんなんでしょう」

私を見つめる渋谷君。

――なんなんでしょうって、どこをやりたいとかないんですか？

「俺の場合、やりたいとかやりたくないとかいう問題じゃなくて、とにかく試合に出してもらえればいいんです」

――出るだけで……。

「そりゃそうですよ。野球は出れるだけで楽しいですから」

渋谷君は晴れやかにそう答えた。ちなみに彼は友人たちとバンドを組んで、『LUNA SEA』や『X JAPAN』のコピーを演奏したり、音楽部でフルートを吹いている。「好きなことを好きなようにやる」とのことで、野球も好きなら同じようにやればよいのではないか。

「そう、そうなんですよ」

私の考えに渋谷君は大きくうなずいた。彼らは好きで野球をやっている。しかし結果が出ず、監督の繰り出す否定的な言葉を真に受けて言葉をなぞるように身動きができなくなっているのかもしれない。好きで始めたことを思い出させる。好きなことを語っているうちに活路が何か見いだせるのではないだろうか。

好きこそものの上手

ピッチャー志望のある1年生は「化学」が好きだという。野球の話になると、渋谷君のように「いざ試合になると体が前に倒れ込んでしまって、上体が残らない」と釈明し、「緊張するわけではないんですけど、気が焦《あせ》るというのに近い状態で、焦らないようにするのがいいんですが、肩に力が入りすぎていると言われたこともあって力を抜くようにしてはいるんですが、それがなかなかできない」と一向に埒《らち》が明かないが、「化学」の話になると一転して明るくなった。

——化学の何が好きなんですか？

「元素ですね」

——元素？

「小さな世界で、一つひとつの物質の性質に違いがあることが面白いんです。周期律表のあの細かくてきっちり分類してあるところが本当に好きなんです」

——好きな元素とかあるんですか？

「好きなのはニッケルですね」

——ニッケル？

「ニッケルは銅と似ているけど、銅とは性質が違っていて、『悪魔』のような存在なんです。ニッケルという名前の由来は『悪魔』ですから」

彼は「ものをつくる」ことも好きらしく、筆箱の中にもペンチ、ドライバー、カッターなどの工具を常備しているらしい。

——それでどうするわけですか？

「ドアが壊れたら直したり、友達のメガネのネジがゆるんだら締めてあげます。僕はやっぱりきっちりしたものが好きなんです」

——それだ、それ。きっちり待てばいいんだ。

私は思わず歓声を上げた。きっちりが好きなら、体重を軸足に残したまきっちり球を待つ。そうすれば課題も解決できるのではないか。

「でも僕は性格的には大雑把なんです」

——それがいいんですよ。

私は力説した。きっちり待って大雑把にバットを振る。それこそ開成の理想のバッティングなのである。納得したのかどうかよくわからないが、彼は静かに微笑《ほほえ》んだ。ともあれ「好きなもの」に話を転移させれば、新たなイメージがつかめるような気がした。

「僕は常に『横目』をイメージしているんです」

そう語ったのは、身長183センチ、体重80キロの星川陽次郎《ほしかわようじろう》君（1年生）である。見るからに強打者の体格。しかし彼も打撃の際に、焦ってしまうのか体が早く開き、バットのヘッドが出てこない。そこで彼が考え出したのが「横目で見る」ということらしい。バットを構えながら横目でピッチャーのほうを見る。横目でいる間は体も開くことはなく重心が軸足に残っているので、「横目」「横目」「横目」と呪文《じゅもん》のように念じ、球を十分に引きつけるのだ。

——実際に、効果はあるんですか？

私がたずねると彼ははにかんだ。

「効果は絶対にあるはずなんですが、それがまだできていないせいか打てないんです」

横目、横目と念じても、球が近づくと思わず振ってしまう。要するに「横目で見る」のではなく「横目で見続ける」べきなのである。

「でもそれじゃ、ちょっとイメージとしては……」

「横目で見る」ならイメージしやすいが、「横目で見続ける」と文が長くなるとイメージしにくくなるらしい。

——じゃあ、横目を維持する、なら？

星川君は「う〜ん」と首を傾《かし》げた。

——日常生活では横目で見たりする？

「それはないです」

彼はきっぱりと即答した。

——いつも正面で見てる？

「そうです、よね」

同意を求めているようなので、私は高校時代を思い出し、「いや、あるな」とつぶやいた。例えば、女子。好きな女子を見る時、最初は横目で見る。照れ臭くて正面からは見れないから、いつも目の隅のほうで追ったりするのである。

「確かにそうですね」

にっこり微笑む星川君。彼女が視界から外れるギリギリまで「横目を残す」。それをイメージすればよいのである。

──彼女はいるんですか？

「い、いない、すよ」

彼は小学2年から中学1年まで父親の仕事の関係でアメリカに住んでいた。そこで地元のチームに所属して野球を始めたという。アメリカンベースボールは送りバントなどの細かい戦略もなく、ひたすら打つ野球。まさに開成野球だったらしい。彼はアメリカから帰国後、埼玉県の公立中学に編入し、そこから開成高校に進学。ベースボールの再現ともいえるが、開成は男子校だった。

「やっぱり女子がいないとつらい、す。今になって女子と会話することの大切さを感じています。当たり前だと思っていたことが当たり前じゃなくなるんですね。駅でカップルを見たりすると悲しくなりますよ」

それはしようがないよねと私たちは溜め息をついた。イメージがしぼみそうなので

「守備はどこをやりたいんですか？」と野球に話を戻すと、彼は明言した。

「第一志望はファーストです」

──なぜ？

「投げる機会が最も少ないから」

——投げたくない……。

「僕は送球がすごい下手なんです。コントロールがぜんぜんありませんから。でも第二志望はピッチャーなんです」

——なんで？

「自分でもなんかあれなんです」

——あれ、とは？

「身長が高いから投げられるんじゃないかと思いまして。ガタイがデカいからそれを生かしたほうがいいんじゃないかと」

——生かしたほうがいいね。

「はい。でも僕、実はデカいだけで筋肉がないんです。このガタイなんで、パワーがないと情けないから、今筋トレしてるんです。デカいから打てそうとか思われて、それで打てないのが悔しくて」

彼は毎日、開成高校と開成中学校の間にある向陵《こうりょう》稲荷《いなり》坂《ざか》をダッシュしている。1日20本。下半身強化に励んでいるらしい。

——きっと長江君（3年生）のような強打者になれるよ。

私が励ますと、彼が答えた。

「ただ僕は色白なんで」

——色白でもいいでしょう。

「でも冬なんか真っ白ですから」

彼は私を横目で見ながらそう言って爆笑した。考えてみれば、ベンチに並んで腰掛けながら話をしているので、私たちは最初からずっと横目だったのである。

見る側の論理

都内の区立中学から開成高校に入学した吉野《よしの》哲央《てつお》君（1年生）は、4歳の頃から巨人ファンだったという。プロ野球が好きなら、そのままその話の中に糸口がありそうなのだが、彼の口ぶりは紆余《うよ》曲折に満ちていた。

「野球はずっと好きなんですけど、何思ったか中学ではバスケ部に入ったんです。ところが仮入部届を出した途端に指を剝離《はくり》骨折してしまって。それで部活にはもう行けないなと親とも相談しまして。その頃、ピアノもやっていたんです。それとか考え合わせて、結局どの運動にも共通するだろうと陸上部に入ったんです」

早口でまくしたてる吉野君。メモが追いつかないくらいである。

――なぜ開成高校に来たんですか？

「中学になるとみんな模試とか受けるじゃないですか。それで僕も受けてみたら意外に成績がよくて。開成は世の中でいわれている、いわゆる『いい高校』じゃないですか。でも自分は学歴主義じゃないんで、『絶対に開成！』とか考えなくて、行けるのかなあという漠然とした気持ちで受験したんです。本当は早稲田が好きで、というのも箱根駅伝が好きで早稲田を応援していたんで早稲田に行きたかったんですけど、受験日がかぶっていまして。もともと僕はあんまり努力家ではなくて、親もそのあたりはよくわかっていまして、目標を下げると自分はそれ以下の高校も落ちるので、目標は上げるように親に言われて、『わかったよ』という感じで開成を受けました」

　正確を期するあまりか彼の話は長かった。「ため」というものがなく、力が均一に放散しているような印象である。

――じゃあ、野球は高校に入ってから始めたんですね。

「チームに入ったのは初めてなんです。それまでは公園でひとりで壁当てをやっていましたから。中3でみんな受験勉強をしている時も、僕は『ちょっと行ってくるわ』とか言って、公園の壁にボールを投げていました。肘《ひじ》を痛めない程度に。気晴らしにもなるし、この頃から高校で野球をやろうというはっきりした意志を持っていました」

要するに、彼は満を持して野球部に入部したということらしい。

――それで、今の課題は？

「投げる、捕る、どちらも完璧《かんぺき》にできません。野球に関していうと、今の僕には自信を持って『これは完璧だ』といえるものがないんです。守備というのはチームに入って初めてやることで、僕はゼロからのスタートですからね」

何やら大リーグに入団した時のイチローのコメントのようで、私は言葉を差し挟めない。

「問題はゴロに対するアプローチですね。ある動作に入って球を捕って投げる。そのアプローチに対する対応力が僕にはないんで」

――アプローチに対する対応力？

聞いているうちに私は頭がこんがらがってきた。打球への対応ということなのかもしれないが、彼はアプローチに対応しているようで、打球よりも方法論的な懐疑に見舞われているのだろうか。

――バッティングについては？

「これをこうすればよいというような論理的なものはまだ確立していないんです。まあ試行錯誤の段階というか。今は監督に言われたことを参考にしています。すごいためになるんです。未経験の僕にとっては貴重なアドバイスですからね。いずれにしてもすごい感覚的なことなんで、やはりちょっとずつの動作の積み重ねでできるようになるのかなと思っています」

野球を始めてまだ半年。打てなくても話の辻褄《つじつま》が合ってしまうと、かえって打てるようにならないのではないかと心配がよぎる。

——野球をやってみてよかったですか？

シンプルにたずねてみると、彼はまたテキパキと答える。

「実際にプレイヤーとして当事者になりましたからね。これまでは部外者として眺めるだけでしたから、やりつつ見つつ、という両方から野球を楽しめるようになりました。あらためてプロの外野手がやっているファインプレイなどは、そう簡単にできるものではないなと。あれは長年の経験に裏打ちされた判断力によるものなんですね。おかげでそれまで見るだけだった野球を、自分の動作と考え合わせながら応援できるようになりました」

——逆はないんですか？

思わず私は切り返した。応援するのではなく当事者として部外者の視点が役に立つということはないのだろうか。

「それはもちろんあります。自分がこうしてプレイしているのをプロ選手はどうしているのか。いろいろ考えながら、ワクワク見れるようになりましたね」

やはり見る側なのである。解説しながらバットを振る勢いなのだ。

――甲子園には行きたいですか？

唐突に切り出すと彼は小首を傾げた。

「甲子園は高校球児の聖地ですよね。でも僕は甲子園より神宮球場のほうに憧《あこが》れているんです。六大学野球の聖地ですから。もちろん甲子園大会に出れるに越したことはないんですが」

――神宮球場なら東京都の予選でも行けるじゃないですか？

「準決勝とかで？」

――いや、場合によっては1回戦で。それでもいいわけですか？

「そういうふうに言っちゃうと、そこで負けてもいいっていうことになっちゃうじゃないですか。だから神宮球場に行ったとしても、行っただけで満足ということにはならないと思います」

——じゃあ、やっぱり甲子園に行きたいんだね。

「結果として出ればいいとは思いますが、現実は甘くないですから。なにしろ東京は激戦区ですからね」

彼らは先回りして考える。野球もそうすればよいのに論理ばかりが先回りするようで、つべこべ言わずに思い切り振ればいいんだよ、と私は言いたくなり、この時やっと青木監督が日頃罵声《ばせい》を上げる気持ちがわかったような気がしたのである。

等値なプライド

午後1時に始まったグラウンド練習も4時30分を過ぎると夕闇《ゆうやみ》が迫り、部員たちはおもむろに後片付けの準備に入る。練習時間を惜しむかのように、青木監督は柔道場に部員たちを招集してミーティングを開いた。なぜ打てないのか、なぜ勝てないのか。以前もこの点について部員たちで協議したことがあったが、監督自身も様々な原因を分析、検討した結果、ひとつの解答を得たらしく、それを彼らに伝えるというのである。

「このチームはなんで勝てないのか」

畳の上に座る部員たちに監督が問いかける。

「球もある程度速いし、守備もそこそこいいのに、勝てないのはなぜか」

しばらく沈黙。

「プライドの欠如だ」

青木監督が断言した。プライドがないから勝てないというのである。

「開成には開成野球部独自のプライドを持つ必要がある。プライドといったって人を蔑《さげす》むとかそういう低レベルのものじゃない。俺たちはどういう野球をするのか。どういうスタイルでやるのかという考え方に対する自信。それがプライドだ」

彼らには自信がない。自分たちの野球への確信が欠けているのだ。

「強豪校はしっかりした練習量をこなしているから負けない、という自信が持てる。しかし俺たちは練習量が圧倒的に少ないからそんなことは言えない。頭を使って野球しているとも言えるかもしれないが、そんなチームは他にもいくらでもある。じゃあどこで俺たちは俺たち自身のプライドを持てるのか」

どこで？　と私は思い、部員たちとともに監督の言葉を待った。

「俺たちは必要十分な練習を徹底的に追求する。これが俺たちのプライドだ」

つまり、このチームは本当に必要な練習しかしない。例えば、ダブルプレイは必要以上だからとらなくてもよい。自分の守備範囲を無理なくさばいてアウトにすることが必要十分なこと。ピッチャーはストライクをとることが必要十分。そして打者は打球を遠くに飛ばすということが必要十分。ベンチで声を合わせたり、ウオーミングアップを号令をかけて全員揃《そろ》ってやるのは必要以上のこと。ヨソのチームはムダな練習をしてくれていると考えて、このチームは必要と思われる練習を徹底的にする。必要十分な練習の量と質に徹底的にこだわる、というのである。

「数学で習っただろう。必要十分条件」

私はすっかり忘れているので、あらためて『哲学事典』を調べてみると、こうある。

> 　AならばBであるとき、Bであるためには、Aでありさえすればそれで十分である。したがって、AならばBであるとき、AはBの十分条件であるという。(中略) AならばBであるとき、Aであるためには、Bであることが必要であることになる。したがって、AならばBであるとき、BはAの必要条件であるという。AがBの必要条件であると同時に十分条件であるとき、AはBの必要十分条件であるという。AがBの必要十分条件であれば、BはAの必要十分条件である。したがってこの場合、AとBは互いに他の必要十分条件になっている。この場合、AとBは等値（同

値）であるともいう。

（『哲学事典』平凡社　昭和46年）

開成高校野球部ならばこの野球スタイル、と考えてみる。開成高校野球部であるためにはこの野球スタイルであることが必要で、なおかつこの野球スタイルであるためには開成高校野球部でありさえすればそれで十分ということになって初めて、開成高校野球部とこの野球スタイルは必要十分条件となり、開成高校野球部とこの野球スタイルは等値となる。開成野球部＝この野球スタイル。ここでダブルプレイができたりすると必要条件を超えてしまうので等値関係が破綻《はたん》し、等値関係だというプライドも崩れてしまうのである。

「面倒なことかもしれないが、この必要十分を目指して各自で練習を考えるということが他のチームにはない俺たちのプライドだ。26人いれば26通りの練習。弱々しい気持ちではなく、強い気持ちでプライドを持て。いいな」

下校時刻のチャイムが鳴り、1カ月ぶりの練習は解散。

開成野球部の練習はどちらかというと体より頭が疲れる。もしかすると徹底的に頭を使わせて働きを鈍くさせたところで、彼らは初めて思い切りスイングができるようになるのかもしれない。

7回⚾ドサクサコミュニケーション

グラウンドを眺めながら、私は4年前のチームを思い出していた。東東京大会で4回戦まで勝ち進み、強豪校の修徳高校に惜しくも1―0で敗れたチームのことを。あらためて考えるに、彼らは決して強かったわけではなく、弱いのに勝ち進んでいった。むしろ弱いから勝ち進めたような節があり、弱いという点では今のチームも遜色《そんしょく》はないのだが、今は何か、こう、弱さというものにハリがない。弱さが弱いようで、かつてのチームのように弱さを逆手にとるしたたかさがないのである。

4年前のチームはエラーを乱発していたが、それも相手の油断を誘うためだったような気がする。隙《すき》あらば一気に攻め込む。青木監督の言う「ドサクサに紛れて大量得点」。そう、今のチームにはこのドサクサ感がないのである。部員たちと話をしていても「相手の裏をかく」「陥《おとし》れる」「騙《だま》す」「付け入る」「ひと泡吹かせる」「ざまあみろ」などという発想がまったくもって欠けている。そういえば、彼らに野球を始めたきっかけをたずねてみると、そのほとんどが「親と相談して」と答えていた。自分というより「親が野球好き」だったり、「親が野球をやっていた」り。中には、「親がサッカーをやっている子より野球をやっている子のほうが好きで、僕に野球だけを見せたから野球が好きになりました」という部員もいたくらいである。親子関係としては素晴らしいことなのかもしれないが、彼らは根源的に「合意」に基づいて野球をしようとしているのではないだろうか。ルールに合意するのはゲームの基本ではあるのだが、彼らはルール以外のことまで必要以上に合意を求めているような気がしてならないのである。

ガツガツするフリ

「僕たちはガツガツしていないんだと思います」

ある1年生にそう指摘され、私はいきなり合意しそうになった。

――やっぱり、そうなのかな？

「そうです。ガツガツするフリをする人はいますが、実際はおとなしいですね」

――フリ？　君自身も？

「……たぶん、僕も含めてですね」

――普段からそうなの？

私が畳みかけると彼はしばらく考え込み、「たぶんそうだと思います」とつぶやいた。

――ところで、「ガツガツしている」のと、「ガツガツするフリをする」は違うんですか？

「違います」

断言する彼。

――どこが違うんですか？

「ガツガツするフリの人はピンチとかチャンスで心理的に追い込まれると、プレイができなくなることもあります。でも本当にガツガツしている人は、ミスをするかもしれないけど、めいっぱいやると思うんです」

――本物のほうがいいと……。

「そうですね」

――でも、フリをしているうちに本物になることもあるんじゃないですか。少なくともフリをしている間は本物と変わりはない。違いにこだわる必要などないのではないか。

「……それはよくわかりません」

彼は再び考え込む。

——それで、君自身はガツガツしているんですか？

もう一度たずねてみると、

「してないです」

今度はきっぱり言い切った。

——野球以外でも？

「あんまりしないですね」

——でも開成に入る時に、ガツガツ勉強したんじゃないんですか？

受験勉強の中に「ガツガツ」はあったはず。その勢いで野球もガツガツすればよいのではないだろうか。

「勉強はひとりでやるものですから、そんなに人に迷惑はかかりません。でも野球は失敗したらみんなに迷惑がかかります。だから負担が大きいんです」

何が言いたいのかよくわからないが、察するに、彼にとっての「ガツガツ」とは人の迷惑を顧みないということのようである。

——もしかしてガツガツしたくないの？

たまらず私は突っ込んだ。

「ガツガツしなきゃいけない場面もあるかもしれないんですけど、今までそれができたことはないですね」

——どういう場面で？

「野球でいえば、チャンスに限らず、終盤でリードされている時などです。こういう時は積極的にプレイしないと勝てないんで」

——そこでガツガツするわけ？

「ガツガツするフリはしていますね」

——そのフリっていうのは具体的には何をするんですか？

「声を出すとかそれぐらいしかないと思います。この前の試合でもチームに勢いがついた時に、みんなで声を出していたのでガツガツするフリはできるんだと思います」

彼は他人の「本当のガツガツ」と「ガツガツのフリ」も見分けられると言う。しかし、どう見分けるのかとたずねると「よくわかりません」。わからないのに見分けられるのかと問い詰めても、「実際にかかわった人でないと、その人の内面まではわからないので」とはぐらかす。つまりは直感ということか。そこで私は、自身を指差してこうたずねた。

——俺はガツガツしているように見える？

「見えないです」

　さらりと答える彼。

——フリってこと？

「そうですね」

　はっきりと彼に断言され、私は「そうかもしれん」と納得しそうになった。誘導するつもりが逆に誘導され、さらには本質まで見抜かれたようで私はしばし言葉を失った。その時点で彼に合意してしまったわけで、それから先の問答はフリ同士の真意の探り合いのような様相を呈したのである。ちなみに彼によれば、青木監督は「ガツガツ」と「ガツガツのフリ」の両面を兼ね備えているそうで、彼にとってはひとつの理想像らしい。

十分な達成感

　私は部員全員に「自分の課題」をたずねてみたのだが、そのほとんどが最初に口にしたのは「打撃の時に体が開いてしまうので、開かないように打つ」というフレーズだった。これは青木監督が常日頃言っているフレーズそのままで、「青木監督にうるさくそう言われている」というならまだしも、まるで自分で考えたかのように話すので、素直にすぎるのではないかと心配になる。彼らは文言を文言通りに受け入れる傾向があり、となると監督が新たに打ち出した「必要十分な練習を目指す」という新方針も気がかりだ。確かにこれは論理学的な命題としては「真」なのかもしれないが、野球部のスローガンとしては今ひとつ気迫が抜けるような気がする。「必要な」だけなら、欠落感からそれこそ「ガツガツ」した気分を呼び起こすが、「十分」が続くと、それで十分というようにブレーキがかかる。ガツガツしようとしただけで十分だともとらえかねないのではないだろうか。

「『必要十分』というのは、本当に必要なことだけをやればいい。不必要なことはやらなくていいということですよね。これは僕にとても合っていると思いました」

稲積良彦《いなづみよしひこ》君（1年生）が小刻みにうなずいた。納得ではなく合致したようなのである。

彼は父親の仕事の関係で小学4年から中学2年までトルコ共和国で過ごした。帰国後、ある塾の入塾テストを受けたところ、大変な高得点をマークし、「キミなら開成に行けるよ」と言われ、どんな高校かよく知らなかったが、その「ノリ」で開成高校に進学したらしい。トルコ時代はずっとサッカーを続けていたそうだが、心機一転を図るべく、開成で野球を始めたとのことである。

「僕はもともとムダだと思っていることはやりたくないんです。日頃からムダはちょいちょい削っていますんで」

　こまめな節電のようである。

――例えば、どんなことを？

「体操着をカバンの中に入れてくると、かさばるじゃないですか。だから最初から制服の下に着てくるとか」

――それ、かえってムダじゃないですか？

「あっ、すみません。ちょっと間違えました」

　彼は実例の誤りを訂正し、頭を抱えた。いずれにせよ彼のテーマは「ムダの排除」ということらしい。

「ムダってことはそこでエネルギーを浪費したり、ヘンなところに拡散しているっていうことですよね。それらを省いて一点に集中するから球も飛ぶんだと思います」

――なるほど。

バッティング理論としては正解に思える。

「だから僕は、いつも『エネルギーを集める』というイメージを持つようにしているんです。エネルギーの総量は変わりませんから、全身のエネルギーを集めてバーンと炸裂《さくれつ》させるイメージで練習しているんです」

——そのエネルギーはどこから来るんですか？

私がたずねると彼は「えっ」と驚いたような声を上げ、「すみません、そこまでは考えていませんでした」と謝った。

——もしかして、それは体重では？

「そうかもしれません。いや、でもそうなると体重を増やせばいいということになると思うんですが、前にそれに取り組んだことがあるんです。でも僕は食っても食っても体重が増えない。だからその方法は却下しました」

——却下したんですか？

「それより集める効率のほうが重要だと思うんです。体重100キロの人が50％の効率で集めるエネルギー量より、60キロの人が100％で集めるほうがエネルギー量は高いですから。今、僕は20〜30％、いや、もっと低いくらいですけど……」

彼は日常生活でも「ムダの排除」を実践しているらしい。学校が終わると、まず学習塾の自習室に向かい、そこで2～3時間、「一気に集中して勉強する」のだそうだ。

「家では完全にリラックスしたいんで、勉強はそこだけで終わらせるんです。自習室ではとりあえず全教科にひと通り触れるようにしています。1日やらないと取り戻すのに2日かかるといわれていますから、そういう面倒なことを避けるためです。1時間ほどかけて全教科を見て、あとの時間で宿題や苦手な分野、テストの準備などをします」

――そう決めているんですか？

「はい。自習室に入ったら、まず帰る時間を決めるんです」

――帰る時間？

「その日の疲れ具合とやらなきゃいけない分量などをみながら、『今日はこの時間まで』と決めます。そうするとその時間に終わらせるために一気に集中できる。実際、その時間になった頃にちょうど眠くなったりするんです」

――それで家に帰るわけですか……。

「帰りの電車の中ではゲームをします。行きの電車は単語帳などで暗記モノをやって、帰りの電車は遊びと決めているんです」

――で、電車を降りると……。

「家までの間、10分15分ぐらいですかね。歩きながら野球のことを考えるんです」

——それも決まっているんですか？

「はい。どうせヒマですから」

——ヒマなんですか？

「はい。その道はほとんど車も通っていないので、たまに前を見ていれば、そうそう事故ったりしないんで」

道路に注意しながら考えるのではなく、考えにもっぱら集中するらしい。寄り道などもしないのだろうか。

——どういうふうに考えるんですか？

「『今日の練習ではこれができなかったな』とか『先生からこれを指摘されたな』とか『これは昨日できたけど今日はできるかな』とか」

——内容も決まっているんですか？

「はい。その3パターンです」

——それで家に着いたら……。

「ひとまずカバンを置いて、玄関にあるバットを持って家の前で素振りをします。どうしても素振りになっちゃいますね。基本的に1日100本やります」

──本当にムダがないんですね。

1日の大半をムダに過ごしている私などは感心するしかないのだが、彼はさらにこう続けた。

「やっぱりメリハリって大事だと思うんです」

──そ、そうだよね。

教育的にも正しい考え方で、私はうなずくしかない。

「勉強、遊び、野球。メリハリをパッとつけたほうがどちらも深くできます。どっちも頭の中にあると、中途半端《はんぱ》になるし、達成感が得られません」

──達成感？

「そうです。メリハリをつけると『今日はここまでやった』と思える。成果は出るし、なんかしら達成感があるんです」

必要十分に似ている、と私は思った。彼にとって「十分」とは達成感のこと。必要を決めれば十分がついてくる。毎日を「必要」で微分すれば「十分」が積分されるようなものかもしれない。

──それで野球のほうは成果が上がっているんですか？

あらためて私がたずねると、彼は真剣な面持ちでこう答えた。

「素振りはやっているんですが、球は前から来るもんですから」

——前から来る？

当たり前すぎることで、私は一瞬何のことかわからなかった。

「球が前から来ると、素振りと違うんですよね」

彼の抱える問題は、「球が前から来る」という野球の本質にかかわることだった。

——素振りとどう違うんですか？

念のために確認すると、彼は首を傾《かし》げてこう言った。

「なんて言ったらいいんでしょうか。実際の野球は素振りと違うものだという認識が僕の中にできてしまっているんでしょうか」

非常に難解な問題設定で、今度は私が頭を抱えた。実際に違うか否《いな》かではなく、認識の違いが生み出す齟齬《そご》ということか。物理的には球がバットに当たらないという極めてシンプルな問題なのだが、稲積君のように問題を認識論的に置き換えると解決策がにわかに思い浮かばず、私はいったん家に持ち帰ることにした。ムダなことかもしれないが、ムダを排除するためには、まずそれがムダか否かを考えてみなければならないのである。

「『そのうちできるようになる』なんて思うな。今すぐできるようになれ！」

ストップ&ゴー

青木監督もそう叫ぶように、ナイター設備のない開成の冬場の練習はとても短い。授業の終わる午後3時頃からグラウンドを整備して練習を始めると、たちまち球が見えにくくなってくる。後片付けの時間などを考慮に入れると、始まった途端、終了準備に向かうような忙しさなのである。

打撃テスト、打撃練習に続いて、その日は走塁の練習が行なわれた。1塁にランナーとして選手が入り、もうひとりが3塁コーチャーズボックスにランナーコーチとして立つ。青木監督がライトに向けてゴロをノックし、その瞬間に1塁ランナーがスタートを切ってランナーコーチの指示を受けながら2塁に向かう。ランナーにとっては走塁の練習で、コーチにとっては指示の出し方の練習になる。球のゆくえを見ながら「ベースストップ（ベースから離れずに止まれ）」、「ストップ（オーバーランして止まれ）」、あるいは「ゴー（3塁に向かえ）」の判断をランナーに伝える練習だ。開成のドサクサ野球は、長打の連発とともに走りまくって相手をかきまわす。つまりこれは「勢い」をつける練習ともいえるだろう。

日没が迫っているということもあり、青木監督が部員たちを急《せ》きたてる。1塁ベースに彼らがスタンバイすると、すぐさま監督がノックを打つ。ランナーは全力疾走。そして2塁を蹴《け》って3塁に向かおうとしている時にコーチが「ベースストップ！」と叫んだ。

「急いで急いで！」

「そこでストップをかけてどうするんだ！」

監督が怒鳴った。確かにすでに2塁を回ってしまった後に「ベースストップ」と言っても、もう遅い。「ベースストップ」は2塁に着く前に指示しなければ、ベースでストップできないのだ。「指示が遅すぎる！　もっと早く出さなければ指示とはいえない」と監督。それを聞いた次のコーチは、ランナーが1塁からスタートを切った直後に「ストップ」をかけた。「早すぎる！」と監督が言えば、今度は2塁をすでに通過し、3塁との中間あたりまで到達している時に「ストップ！」と叫んだりする。どこでのストップなのかよくわからず、ランナーはその場で立ち止まる。文字通り動作がストップしてしまい、これではアウトである。

「なんでストップなんだ！」

「なんでそこで止まるんだ！」

監督はコーチとランナー両者に怒った。やがてコーチは「ストップ」「ゴー?」「(やっぱり)ストップ!」というようなわけのわからない指示を出すようになり、ひとりのランナーが2塁ベース前で転んだ。さらには走塁の練習にもかかわらずベースを踏み忘れる部員までおり、連係プレイというより、ミスの連係でどちらのミスなのかわからない混乱に陥ったのである。

「あのね。2塁をすでに回った人間に対して『ベースストップ』をかけるのはおかしいでしょ!」

夕闇《ゆうやみ》のグラウンドに監督の罵声《ばせい》が響いた。

「それは信号を渡りきった人間に『渡るな』と言うのと同じでしょ。事前に言ってあげないといけないでしょ? そんなことを俺は説明しなきゃいけないわけ?」

選手たちはその場にストップしたまま、うなだれている。

「人間のコミュニケーションとしておかしいでしょ! 人間の会話としておかしい! コミュニケーションとして破綻《はたん》しているんだよ!」

しばらく沈黙。あたりはどんどん暗くなる。

「要するにお前たちは自分本位なんだよ。相手がそれを聞いたらどう思うかなんて考えていない。あまりにも人の気持ちを考えなさすぎる。走っている人間の気持ちを考える。それに俺たちはヒットが出たら1塁ランナーは絶対3塁まで行くのが基本。安易にストップをかけるようなら野球なんてやめろ！」

彼らは練習を理解するために、ひとまず練習にストップをかけたいのかもしれない。

「すみません。球が見えにくくて……」

ひとりの部員が監督に釈明した。確かに私から見ても球のゆくえはよくわからない。外野の選手はエラーしても捕球体勢のまましばらくフリーズしているので、捕ったのではないかと勘違いしてしまうのだ。

「迷ってもいいんだよ。迷うこと自体は悪くない。迷ってもいいから決断しろ。適切なタイミングで決断するのがコーチの役目だ」

正確な情報を伝えるだけがコミュニケーションではない。互いの立場や役割を確認し合うことこそが人間のコミュニケーションなのだ。

努力の証明

かねてより薄々感じてはいたが、開成の生徒たちのコミュニケーションはどこか妙である。例えば、私が練習の取材をすべく西日暮里駅から歩いて開成高校に向かう途中で、ある部員に会い「あれっ、今日練習は？」とたずねると、耳につけたイヤホンを外して「今日の練習は自由です」などと答える。自由練習なのはわかっており、彼がそれに参加しないのかとたずねているのにそう答え、さらには「練習は基本的に木曜日か土日で、木曜日にある時は土曜日はありません。それに期末試験が近いので……」などと開成の日程を延々と説明したりする。話せば話すほどバリアが張られていくようで、彼自身のことには容易に踏み込めないのだ。

なぜこうなるのか。下校途中の生徒たちの会話に聞き耳を立ててみると、近所のコンビニで買ったコロッケを手に持ち、「これをどうやって3分の1に分けるんだよ」と算数の例題のように声をかけたりしている。携帯電話をお互いに見せ合いっこしながら、「携帯会社を替えることのメリットはどこにあるわけ？」「おお、そのコーヒーキャラメルは〇〇のシリーズか！」「これがあれば室町時代の騒乱が覚えられるね」「日韓条約もいけるよ」などと会話している。察するに、彼らは問題を出し合っている。問いと答えがあらかじめセットになっているようで、だから「練習は？」と問うと練習のスケジュールを答える。合意を求めるというか合意事項を確認するかのようなのである。

このあたりの事情を美和瑛君《みわひかり》（1年生）が解説してくれた。彼は公立中学校出身。

学習塾で「普通になんか、ある程度実力的に行けるんじゃないか」と思って、開成高校に進学したという。ちなみに高校から開成に入学するのは100人（開成中学からの進学組は300人）で、彼らは「新高生」と呼ばれている。

「全体的に合う人と合わない人はいます。でも合わない人というのは、別にイヤなヤツじゃないんです」

——どんなヤツなんですか？

「趣味が違うんです」

——趣味？

「僕はカードゲームをしないんですけど、カードゲームが趣味の人もいますから」

趣味が合う者同士のコミュニケーション。マニアックな会話が交わされるタコ壺《つぼ》のような世界なのだろうか。

——美和君の趣味は何ですか？

「う〜ん。これといって名詞化できないんですけど、やっぱりスポーツに関することですかね」

——野球は？

「野球はやっぱりチームメイトと一喜一憂するところが好きですね」

野球も趣味のひとつ。合う者同士のチームなのだろうか。

——でも、それにしては試合も静かですよね。

「いや、やっぱり自分が試合に出ていないと、どうもなんか参加している気がしなくて」

——練習は？

「みんな頭がいいんで、それぞれが自分で考えてやるのかなと思います。自分自身で解決しようとしているんじゃないでしょうか。僕なんか小学生の頃からずっと野球をしていましたが、何も考えていなかったんで。最近まわりに影響されて考えるようになりましたけど」

——美和君も頭はいいと思うけど……。

「いや、自分はあくまでまわりに影響されただけなんで、それはどうなんでしょうかね」

多かれ少なかれ人はまわりから影響を受けるし、チームプレイは影響させ合いともいえるわけで、心おきなく影響されればよいのではないだろうか。

「僕は田舎の中学出身なので、最初は戸惑いました」

そう語ったのはセカンドの宮内瑛《みやうちあきら》君（2年生）である。彼は開成中学を受験するも失敗。地元の公立中学に進学したが、「見返してやろう」と、高校受験で再び開成に挑んで見事合格したらしい。

「なんか迫力に圧倒されてしまったんです」

——迫力あるんですか？

「開成にはなんか、こう独特の言い回しのようなものがあるんです」

——どんな言い回し？

「なんて言うんでしょうか、ひとつの言葉が流行《はや》るとすぐそれが広がってみんなが使うようになるんです。それと口調ですかね。たぶん地元の中学時代の友人の前で、このまま話したら『コイツ何言ってるんだ？』と言われそうです」

——どういう口調なんですか？

「いや、なんか、すみません。もう自分もすっかり影響されちゃったんでうまく説明できません」

——野球部でもそうなんですか？

部員たちにはあまり迫力は感じられないのである。

「野球部は静かですよね。やっぱり頼っちゃうんですかね」

——何に？

「川原田です。彼に頼りきっちゃうんです」

ショートを守る川原田直貴君（2年生）のことである。捕球動作と投球動作がなめらかにつながり、先日も「バッティングと違って守備はやることをやればアウトにできる」と軽やかに豪語していた。内野守備は彼に頼りきりだから特に話すこともないということだろうか。

——バッティングのほうは？

「基本的に僕は指導される側なもんですから。人に対しても『ここはヘン』と言うことはできますが、どうすればいいかということは言わない、というか言えないです」

——どうすればいいのかわからない……。

「いや、なんとなくはわかるんですけど、それが本当に合っているかどうかわからないんです。本当は言えたらいいんですけど、なにしろ僕自身、結果が出ていないんで。試行錯誤の最中ですからね」

別の部員も同じことを言っていた。「自分が間違っていたらどうしようという不安があるので、人に言えない」と。言うというのはその人を判断するということで、判断には根拠が必要だが、根拠は経験に基づいていなければならず、その経験がそもそもないのだと。もしかすると彼のいう「開成の口調」とはこのことかもしれない。お互いが間違えないように会話する。それゆえ論理的な正当性をなぞるような問答になるのである。

——でも、「ここはヘンだよ」とかは言うんですよね。

「言うんですけど、どうすればよいのかわからないので、そこで話し合いになるんです」

——話し合いになるんですか？

「『どうしたの？』と何人か集まってきて、じゃあどうすればいいのかと。それで『こうすれば』という答えは一応出るんですけど、それで結果が出るかどうかわからない」

——でも、たとえ答えが正しくても、結果が出るかどうかは別問題なんじゃないですか。

「そうですね。本当は言えればいいんですけど……」

彼の得意科目は「地理」らしい。薬学部に進学したいそうなのだが、なぜか地理。なぜそうなのかとたずねると、微笑《ほほえ》みながらこう答えた。

「地理はその場で図とかグラフを見ながら答えられるじゃないですか。折れ線グラフとか出てきて輸出量の推移とか。実際のグラフがあるところがいいんです。だから逆に数学は苦手なんです」

——どういうことですか？

「なんか閃《ひらめ》かないんです」

首を傾《かし》げる宮内君。

——閃かない？

「中学受験の時もそうでしたが、問題を見ても閃きというものがないんです。図形問題でも補助線なんかぜんぜん閃きませんからね。算数は閃きでしょう。本当に中学から開成に入った人が不思議です。なんであれが解けたのか。そういうふうに考えると自分は普通に頭がよくないんじゃないかと思います」

——そんなことはない。

私は思わず自らの体験を話した。実は私も中学受験に失敗している。私の場合は彼と違って、誤ったことを閃いて自分ではほぼ完璧《かんぺき》にできたような気がしていた。彼のように「できなかった」という自覚があるということはできる問題があったということで、私のように全体ができないと、全体的にできたような錯覚に陥るものだ。そもそも中学受験が難しすぎるのだ、などと同情も手伝って愚痴めいたことを話し込んでいるうちに、私はふとこうつぶやいてしまった。

――でも、野球も閃きなのかな。バッティングなんかも一瞬のことだし……。

彼は反射的に否定した。

「野球は閃きじゃないです」

――じゃあ何だろう？

「努力です。というか努力だと信じたいです。じゃないと僕なんかもうダメじゃないですか」

彼は毎朝欠かさず7時に登校して、バドミントンのシャトル打ちに励んでいる。そして放課後は筋力トレーニング。閃きを凌駕《りょうが》する努力の証明なのである。

開成の盗塁王

走塁練習で際立《きわだ》って足が速かったのは池田拓馬君（2年生）だった。打撃が今ひとつパッとしないので地味な存在だが、彼は試合で出塁すると必ず盗塁を決めていた。今シーズンの失敗はわずか1回。1試合に5盗塁を決めたこともある。前回の東東京大会でも9回に代走として出塁し、2塁に盗塁、さらには3塁にも盗塁を決めた。そこでヒットが1本出れば、同点に追いつける状況まで持ち込んだのである。

「意外と緊張しなかったんです。すごく冷静な感じで。あの場面でそれができたことが僕にはすごい自信になっています」

彼は普段からつま先立ちで歩いているような印象がある。体重が軽く前方に乗っており、すぐにでも駆け出しそうなのだ。打撃や守備と違って10割近い成功率をおさめているせいか、開成野球部でも珍しく自信満々な様子。なんでも彼は小学生の頃から足が速く、少年野球でも盗塁は100％成功しているそうで、経験も豊富なのである。

「野球はピッチャーとバッターの勝負しか注目されませんが、盗塁はランナーとバッテリーの勝負。成功すれば『勝った』と思えるんです」

試合に負けても彼はずっと勝ち続けているのである。

——どうやって盗塁するんですか？

私がたずねると彼は意気揚々と答えた。

「ベンチにいる時からピッチャーの癖を探っておくんです。よく見ればセットポジションに必ず癖がありますからね。上半身に予備動作があります。肩や体重の移動とか。どこに注目すればいいスタートが切れるかとあらかじめ決めておくんです」

1塁から2塁への盗塁は、ピッチャーが投げるとわかった瞬間にスタートを切る。しかし2塁から3塁への盗塁はそれでは遅いのだという。キャッチャーからすると2

塁より3塁は近く、送球も早く届くためだ。

「ですから三盗（3塁への盗塁のこと）はピッチャーが投げるモーションを起こす寸前のタイミングでスタートを切る。いうなれば雰囲気を読むんです。本当に投げるかどうかわかりませんが、そこでヤマを張る。ギャンブルを仕掛けるんです。リズムが単調なピッチャーなら間違いないんでギャンブルにもなりませんが、いいピッチャーだと一球一球タイミングを変えてきますので、ギャンブルになります。これが僕には楽しいんです」

彼の話は新鮮だった。そもそも野球は味方同士のコミュニケーションを図ることが目的ではなく、敵のコミュニケーションを読み取り、破壊する競技なのだ。盗塁は敵のエラーを誘発し、攻撃に勢いをつける。池田君こそドサクサの糸口ではないだろうか。ちなみに彼の得意科目は「古文」だという。「どこが好きなんですか？」とたずねると、

「なんかこう、風情《ふぜい》があるじゃないですか」

——風情？

おそらく彼は野球にも風情を感じられるのだろう。

「それに漫画のような面白さがあります」

――例えば？
『堤中納言物語《つつみちゅうなごんものがたり》』とか。その中の『虫愛《むしめ》づる姫君』なんかドタバタ劇みたいですごく面白いですよ」

会心の笑顔で語る池田君。彼は週に1回必ずバッティングセンターに通う。マシーンは球速別に「低速」「中速」「高速」「実戦」などがあるが、彼はスピードがランダムに変わる「実戦」で勝負するらしい。多い時は日に400球近く打っているという。

バッティングの課題についても、堂々とこう答えた。

「僕は長打を打つことはほとんどありません」

――打てないの？

「とにかく塁に出ればいいんで、頑張るだけです」

――それで大丈夫なんですか？

「はい。僕にとってフォアボールはツーベースと同じですから」

隙あらば走る。隙がなくてもとにかく走ってみる。考えてみれば、野球は攻撃にしろ守備にしろ敵から繰り出される球に合わせなければならない。そこで合わせるフリをして突き抜ける。コミュニケーションもまた相手を出し抜くために合意のフリをするのである。

8回⚾「は」ではなく「が」の勝負

また雨か……。

西日暮里駅の改札を出ると、私は思わずつぶやいた。

雨が降ればグラウンド練習は中止である。週に1回しかないので、それが中止になると2週間も空くことになる。期末試験も近づいており、その後にはグラウンド整備工事も控えているとのことで、そうなると次の練習は一体、いつになるのだろうか。

通常の野球部なら毎日の練習の中で選手たちの成長ぶりを見ることができるのかもしれない。しかし、開成の場合はそれぞれが試行錯誤（放課後の自主トレや家での素振りなど）を繰り返しているのでそのあたりもまったく確認できず、もしやまったく進歩していないのではないかと心配になるのである。

大丈夫なのだろうか。

これで甲子園に行けるものだろうか。

私は一抹の、というか、とても大きな疑念を抱いた。この絶対的な練習量不足は絶対的な知力をもってしても克服しがたいのではないだろうか。

闇雲《やみくも》に振る

かろうじて雨は上がったものの、グラウンドにはあちこちに水溜《みずた》まりが残り、結局その日の練習はグラウンド周辺で「素振り」ということになった。

「今日は『速振り』を徹底的にやる」

集まった部員たちを前に青木監督は言った。「速振り」とは文字通り、速く振ること。バットを速く振って速く戻し、また速く振る。10回振って1セット。各自20セットをこなす、というのが今日の練習メニューだった。

青木監督がまず、悪い見本を示した。

「お前たちのスイングは、まず体を開いて正面を向く。それからバットのヘッドを回す。正面を向いて1、ヘッドを回して2。1、2というリズムで振っている。これじゃダメ。力を出す局面は一挙動。体を開きつつ、同時にヘッドを回す。つまり1のリズムで振り切る。1で振って1で戻す。素早く振って素早く戻す。いいな」

部員たちはうなずき、バットを片手にグラウンドの周辺に散っていった。彼らのゆったりとした足取りを眺めながら、私は監督にたずねた。

——この練習には一体、どんな意味があるんでしょうか？

監督が即答する。

「スイングがちゃんとできていれば一連の動作が速くできるんです。ところが問題点があると、振りを繰り返すうちに、リズムが崩れ、どこかで破綻《はたん》する。上半身と下半身がバラバラになったりするんです」

実際、部員たちの振りは各人各様だった。体勢を安定させるためか、両足を広げてしっかり構え、神主の御祓《おはら》いのようにバットを振る部員。ピッチャーの方向ではなく、自分の前方を見つめたまま振っているので、何を打とうとしているのかよくわからないのだ。振った後、バットを頭越しに回して戻すので、振って戻すというよりバットを回転させているような部員も多い。中にはまるでハンマー投げのようなフォームで回転を繰り返すうちにバットが身に迫ってくるようになり、だんだん後ろに倒れそうになる部員もいる。青木監督が何度も言うように、バッティングは体重移動。ピッチャーに向かって構えた時に後ろのほうの足にまず重心を置き、振ると同時に前の足に重心を移動させる。素振りでもこの体重移動が基本のはずなのだが、移動しないばかりか、重心がバットのほうに移動して、バットを振るというより、バットに振り回されるような形になっているのである。

「戻しがゆるすぎる！」

「戻しが弱い！」

監督の罵声《ばせい》がグラウンドに響いた。

「しっかり戻せ！」

「戻しを急げ！」

「もっと鋭く戻せ！」

なぜか監督は戻すことばかり注意している。しかし大切なのは戻すことより振ることではないだろうか。「ゆっくりでもいいから戻すのだけは速く！」とまで監督は指示するが、戻すことに集中するあまり、背面で打とうとしているかのようにも見える部員もいるのだ。

——なぜ、戻すことばかりなんでしょうか？

「素早く鋭く戻せるということは、ムダのない、いいスイングをしているということです。戻せないということはそれができていない。手だけで戻そうとしてしまう」

いいスイングなら素早く戻せるはずということなのだが、となると、素早く戻すというのはいいスイングの結果にすぎないのであって、ここで「素早く戻せ！」と指示するのは因果関係が逆転しているのではないだろうか。

どういうことなのだろうか。私が首を傾《かし》げてまわりを見渡すと、古川夏輝君（2年生）がさらに不可解な素振りをしていた。彼は速振りするより自分の振りをじっくり確認したいらしく、ひとり黙々と素振りに励んでいる。家でも勉強と勉強の合間に気分転換を兼ねて素振りをしているくらいで素振りに関しては熟練しているはずだが、彼は振った後に、後ろのほうの足を上げているのだ。その膝《ひざ》が右肘《みぎひじ》に届くほどに。まるでサッカーでシュートをした後のような姿勢になり、そのまま溜《た》め息をついたりしているのである。

——何か、悩んでる？

古川君に声をかけると、彼は頬を赤らめ、「いや、体重移動が」とつぶやいた。

——体重移動がどうしたんですか？

「もっと勢いをつけようと思っているんです。全体重を前に持っていくように」

——でも、その右足が上がるのは……。

「あっ、これですか？　これはイメージなんです」

——イメージ？

「そうです。こういうイメージで体重移動するということで、実際にこういうスイングをするわけじゃありません」

素振りはイメージを膨らませる。一種のイメージトレーニングでもあり、彼らはそれぞれイメージの中でバッティング練習をしているらしい。イヤホンで音楽を聴きながらそれに合わせて歌っているようなもので、だからヘンに見えるのだ。

「数を闇雲に振るということも大事なんです」

青木監督が速振りの効用について解説した。

「彼らは真面目《まじめ》に丁寧に大事に打とうとする。うまく打とうとして緊張してしまうんです。でも普段から何千回、何万回と振っていれば、その中のたった1回ですから、おのずと大雑把になる。大胆に振り切れるようになるんです」

まさに数振れば当たるということ。

そう、一発でよいのである。

開成の野球は毎回ヒットを打つ必要はない。早い回のワンチャンスで一気に攻める。打線を一気に爆発させ、大量得点を挙げてそのままコールド勝ちに持ち込む。そのチャンスで打てばよいのだ。

いうなれば一発勝負。部員たちが口を揃《そろ》えるように「打撃はコツさえつかめば打てる」もの。コツというのはある日突然つかめるもので、それは今日かもしれず、はたまた試合中に勢いに乗った拍子なのかもしれない。

私が見たところ、キャプテンの藤田智也君（2年生）はすでにコツをおさえている。彼は練習試合でもほぼ間違いなく長打を放つ。サードの守備をしている間も「早く打ちたい」と苛立《いらだ》つくらいで、打席に立つとまさに「爆発寸前」という様子だ。キャッチャーの八木翔太郎君（2年生）も、なぜかいつも長打になる。「なぜか」というのも妙な言い方だが、彼は普段から微笑《ほほえ》みを絶やさず、打席に入っても柔和な構えで打球も柔らかく飛んでいくのだが、それがしばしば外野の頭上を越える。彼は開成の練習量が「ちょうどいい」と言っていたが、打球も無理なく「ちょうどいい」感じで飛んでいくのである。打撃の快感をひたすら追求する林遼太朗君（2年生）も期待が持てる。「守備がからきしダメです」「細かいことが苦手です」ともっぱらフルスイングの打撃にこだわる彼などは、コツをつかんでから打つというより、打ってから「これがコツか」と気がつくのだろう。彼らが連打して池田拓馬君（2年生）が走る。なにしろ彼は内野ゴロでもヒットにする勢いなのだ。

さらに付け加えるなら、エースピッチャーの佐伯兼太郎君（2年生）もピッチングが安定してきた。投球内容はさておき、彼はマウンド上での佇《たたず》まいが安定している。

ロージンバッグをはたいて、指先にふっと息をかける姿などは実に決まっており、たとえ打たれてもその所作が崩れない。開成の場合、大切なのは打たれないことより、確実にストライクを入れてゲームを壊さない（フォアボールがずっと続くと試合にならない）こと。つまり「マナー」が重要で、その点からすれば彼はほぼ完璧《かんぺき》なエースといってよいだろう。

そう考えると条件は揃っているではないか。

そもそも常識を覆《くつがえ》すのが開成野球であって、常識的な予断は禁物なのである。

東大も一発勝負

「こんにちはっす」

練習からの帰り道、私は古屋亨君ら3年生たちに出くわした。彼らは夏の大会終了後に部を引退し、受験勉強に励んでいる。長江豊君は以前とほとんど変わらないが、他の部員たちは髪が伸びて、すっかり別人のようである。「どこを受けるの？」と私がたずねると、古屋君がはにかみながら答えた。

「東大っす。なんか、やっぱりそうなっちゃいますね」

聞けば、3年生6人のうち5人が東大、1人が京大を受験するそうだ。なんでも他の大学に行くつもりはないらしく、落ちたら浪人する覚悟とのこと。開成野球部は大学受験も一発勝負なのである。

——勉強のほうは調子どう？

「そりゃ若干焦《あせ》りますよ、普通に。夏の大会が終わって学校に来ると、放課後、誰も残ってないんですよ。みんな受験勉強で」

若干普通に、というくらいだから、あまり焦っていないようだ。ちなみに彼は文Ⅰに進んで将来は弁護士か検察官志望である。

——野球をやったことが勉強に影響しているんですか？

「野球やってよかったと思います」

彼は力強く答えた。

——例えば、どういう点が？

「まず集中力ですね。打席に立った時の集中力が試験にもぜんぜん使えます。それと青木先生の『圧』。いつも試合で『そんなことでプレッシャーを感じているようではこの先、生きていけない』と言われていたじゃないですか。それを思い出すんです。大学受験で緊張するくらいなら大した人生じゃないなと。それと自分はキャッチャーじゃないですか。だから全体の一進一退がわかる。受験勉強も戦況が刻々と変化するわけですから、ここ突かれたらマズいな、とか。常に全科目に注意を払えるんです」

いまだ野球をしているような口ぶりなのである。

「あと、塾の帰り道ですね」

——塾の帰り道？

「帰り道で歩きながら打席に入った時のことを思い出すんです。ヒットを打った時のこと。一球一球ですよ。あの時はこのコースの球を打ったな、あれを打てばよかったなとか。塾から帰る時ぐらい、勉強のことを考えたくないから、ちょうどいいんです」

守備と攻撃がバランスよく配分されているようで、私が「ほぉ」と感心していると、隣にいた長江豊君が「古屋君はすごいね」と歓声を上げた。

「俺は古屋君と違って、ひとつのことしかできないから」

野球に集中するために塾をやめていた長江君も、東大を受験する。「まったく勉強をしなかった」という彼は中学の教科書から勉強し直しているらしい。

「俺はもう序盤で出遅れましたから。マラソンと同じで、まわりがどんどん先に行って離れていくと、やる気をなくします。塾でダラダラ勉強するより、いっそのことやめてしまおうと思ってやめたんですが、今度はいっそのこと勉強しようと頑張っています」

彼はもともと一か八かという体質なのだろうか。

――それで東大へ？

「野球やるために東大に行くんです」

きっぱり答える長江君。

――他の大学でも野球はできるんじゃないですか？

「いや、他の六大学だと選手も１００人以上いて、野球推薦で入ってくる人もいるじゃないですか。やっぱり俺が活躍するには東大です。東大からメジャーリーガーになる。俺はぜんぜんあきらめていないですから」

彼は今も毎日素振りを続けている。そして毎日のように野球の夢を見るそうだ。

「今週は2回見ました」

――ちゃんと寝てるの？

私が心配すると、彼は大きくうなずいた。

「超寝てます。毎日9時間は寝ます」

相変わらず悠然とした様子なのである。

——どんな夢を見るんですか？

「それがいつも打席なんです。打っているシーンですね」

——例えば？

「おとといは学校のテニスコートで野球をやっている夢でした。インコースに来た球を打ち返したらホームランになりまして。その前の日はスイングが悪くてセンター前ヒット」

うれしそうに語る長江君。夢の中では打率が高いらしいのである。元キャプテンの瀧口耕介君もよく野球の夢を見るという。彼は東大理Ⅰ志望。「いちおう東大に入ったら野球はやりたい」とのことで、将来は大学で研究職に就きたいそうだ。

「僕はピッチャーだったんですけど、マウンド上の夢は見ないんです。なぜかいつも打席に立っているんです」

開成は打撃中心。夢の中でもそうらしいのである。

「僕は野球というより青木先生が夢に出てきます」

突然語り始めたのは、もうひとりのピッチャー、大木拓人君だ。彼は京都大学理学部を受験する。将来については「これまで高校で履修する範囲のことしか知らないし、アルバイトもしたことがないので、大学でいろいろ経験してから決めていきたい」そうである。

「なぜか青木先生が大阪まで追いかけてくるんです。それで夜道を歩いていたら、後ろから『おおきーっ』と声をかけられて。ワーッと走って逃げる夢です」

実際、彼が試合で登板すると、青木監督はベンチから「ピッチャーをやるなって言ってんだろう！」「何、一生懸命投げているんだ！」「コントロールしようとしてんじゃない！　下手なんだから！」などと罵声を浴びせかけていた。まるで内輪揉《も》めの喧《けん》嘩《か》をしているようで、それが夢に甦《よみがえ》るのだろうか。

「最初は僕もヘコみましたよ。怒られると、もう本当にこの世の終わりみたいに。でも先生の言うことは理論が立っているんです。穴がないというか、理不尽でないというか。返す言葉もありませんという感じ。それに先生の怒りは一時の怒りで、後で根に持つというようなこともなかったし、次どうすればいいのかもちゃんと言ってくれていたんです」

隣で白井慎一郎君が「そうだよね」と深くうなずく。人一倍練習熱心で打てないと深刻に落ち込んでいた白井君は東大文Ⅰで、将来は弁護士志望だ。大木君が続ける。

「大体、僕らみたいに運動神経がない人間は、他の競技だったら、その運動神経のなさがモロに出て、やりようがなかったと思うんです。でも野球は違う。野球は運動神経がないならないなりにやりようがある。投げ方にしても打ち方にしても、ちゃんと考えることでできるようになる。哲学してるみたいで楽しいんです」

――哲学してる？

「はい。道元キャラです」

――道元キャラ？

「実は受験勉強中に、道元の『正法眼蔵《しょうぼうげんぞう》』を読んで仏教に興味を持ちました。人間が生まれる意味、人間の生死について考えるのが面白くて。野球も理論を自分のものにするのが楽しいです。道元的には」

青木監督の、ピッチャーに「ピッチャーをやるな！」などという禅問答的な罵声《ばせい》の影響だろうか。「それで京都大学に？」とたずねてみると、

「寺に行ってみたいんです。勉強中に自分はなんで勉強しているのかと考えて、やはりそのあたりを模索するには仏教かなと思いまして。ノーベル賞をとった湯川博士も自分を助けてくれたのは仏教だと言っているし、偉大な人の多くは仏教を推していたので、僕もそれにあやかろうかと」

勉強から解脱《げだつ》したいのかと思うと、長江君が「お前はそんなヤツだっけ？　受験は人を変えるのか」と大声を出した。そして古屋君が「道元は京都じゃなくて福井だ

ろ」と指摘。さらには近藤駿一君が「スティーブ・ジョブズは禅って言ってたよ」と横やりを入れると、「禅は仏教だからいいんだよ」と大木君。すると近藤君が「あれっ、親鸞《しんらん》は真言宗だっけ？」とつぶやき、皆が黙った。おそらくこのあたりは日本史の暗記必須《ひっす》事項なのだろう。私が「親鸞は浄土真宗だよ」と答えると、近藤君が「あ、そうでした」とうなずいた。ちなみに彼も東大文Ⅰを受験する。

――将来は何に？

とたずねると、

「僕はほうけいです」

――近藤君、ほうけい？

私がそう言うと、全員が大爆笑した。腹を抱えながら「いや、包むほうの包茎じゃなくて法系です」と近藤君。そこで私が「ほうけいじゃないんだ、近藤君」と返すと、3年生たちはその場で笑い転げた。開成といえども高校生は高校生。1年間見守ってきた私としては、全員合格を祈るのみである。

最低ラインでの合格

春の選抜高等学校野球大会は毎年3月に甲子園で開幕する。これに出場するには前年の秋季東京都高等学校野球大会で優勝（あるいは準優勝）しなければならず、開成はその大会の1次予選の初戦で日大豊山《ぶざん》高校に10―1で敗れてしまったために今年の出場はかなわない。そこで次の当面の目標は3月17日から始まる春季東京都高等学校野球大会の1次予選ということになるのだが、青木監督によれば、その前に組んでいる練習試合こそが重要で、そこでどう闘えるかということが今シーズンの開成野球を占うという。かつて夏の予選でベスト16入りを果したチームなども、この時期の練習試合から突然強さをあらわにし、強いまま夏の大会を迎えたそうなのだ。

甲子園への道は春の練習試合から始まる。

「一番いいのは15―0とかですね。負けたとしても15―12とか。いずれにしても大量得点。勝ったとしても2―1や2―0では喜べませんね」

と青木監督。「あたかも大会初日」という意識で、練習試合に臨むのである。

日曜日の午前9時。開成グラウンドを訪れると、「おー」「おーし」「イチ、ニ、サン、シ、ゴー、ロク」と威勢のよい声が響き渡っている。初戦の対戦相手は文教大付属高校。声はもっぱら文教大付属の生徒たちのかけ声で、彼らは揃《そろ》って準備運動し、2人1組でバントの練習をしたり、バットを2本持って素振りするなど次々とメニューを繰り出している。一方、開成側は1年生たちがトンボを引いて黙々とグラウンド整備を続け、その向こうで2年生がキャッチボールをしている。肩慣らしというような軽いキャッチボールなのだが、久しぶりの試合のせいか暴投やエラーが目立ち、部員たちは飛んだり跳ねたりしている。後逸した球を追う時も、向かい風の中のように、ゆっくりと走る。

「いつまでグラウンド整備しているんだ！」

青木監督が怒鳴った。驚いたように顔を上げる1年生たち。

「誰かが『そろそろ終わりにしようぜ』とか言えばいいだろう。そこで『わかった』とか『でもここがまだできてない』とか、そういうやりとりをすればいいだろ。ただ黙ってやっているから、いつまでも終わらないんだ！」

彼らは試合開始時間を忘れて、整備に没頭していたらしい。

「必要なこと、思っていることを声に出す。声をかけられたヤツはそれに反応する。野球の監督がなんでそんなことを教えなきゃいけないんだ！」

まずは声のキャッチボールということか。いずれにせよ、原点から自分で考えるというのが開成野球の特徴でもある。

「集合！」

監督が呼びかけると、部員たちがバタバタと駆け足で集まる。

「俺たちの野球は、勢いをつくって相手を飲み込む。振り遅れてもいいから、どんどん振る。いいな」

「おーし」。全員で雄叫《おたけ》びを上げ、試合開始である。ヘルメットを取りにきたキャプテンの藤田智也君に私はすかさず「20対0で勝ってね」と声をかけた。青木監督は15点と言っていたが、期待を込めて5点増やした。

「まかせてください」

小さくうなずく藤田君。静かながら実に頼もしい返事だった。

1回表、開成の攻撃。先頭バッターの池田君はいきなりバントの構え。とにかくバットに当てて出塁しようとしているのかと思いきや、2球目からは大きな空振りを続けて三振。球にはかすりもしなかったが、「どんどん振る」という指示通りではあり、「よっしゃー」という歓声が上がる。2番の藤田君はじりじりと後方に体重をかけ、ピッチャーが投げると同時に一本足になって豪快な空振り。そして次の球をセンターに打ち上げると、相手がエラーして1塁に。しかし続く3番、八木君がセカンドゴロでダブルプレイ。

開成の攻撃は4回まで同じように大振りの連続だった。結果としては林君がセンターオーバーの2塁打を放っただけで、ほとんどが空振りである。

「いろいろ反省するな！」「芯《しん》に当てようとするな！」「強く振ったもん勝ちだ！」

青木監督はそう声を荒らげ、しまいには「思いっきり空振りしてこいや！」と選手を打席に送り出した。実際、空振りを繰り返しても得点には結びつかない。しかし不思議なことに空気を思い切り打ち続けることで、開成には勢いのようなものが充満してくるように感じられたのである。

チャンスが訪れたのは5回表。先頭バッターの5番、尾島慧亮君（2年生）が初球を叩《たた》いて痛烈なライト前ヒット。続く宮内瑛君（2年生）がセカンドゴロで相手のエラー。ランナー1塁2塁となり、ピッチャーの佐伯君が送りバント成功。そこへ8番の齋藤卓志君（2年生）が登場。青木監督が「結果はいいから振れ！」「球が近づいてくる時間を楽しんで強く振れ！」と叫ぶと、齋藤君は強烈な空振りを続け、さらには外角球を無理な体勢で空振りして三振。しかし空振りが巻き起こす気流が功を奏したのか、キャッチャーがエラーして齋藤君は振り逃げで1塁へ。同時に尾島君がホームにかえって1点を先取した。続いて9番の川原田直貴君（2年生）も豪快な空振りの後に左中間を抜けるヒットを放ち、さらに1点追加。しかし残念ながら齋藤君が盗塁に失敗し、1番、池田君は三振に終わったので、大量点にはつながらなかった。

「2点や3点では勢いがつかない！」

監督がそう叫ぶと、5回の裏に文教大付属は2塁打2本、ヒット2本を放ち、あっという間に2点を返されてしまった。その後、開成は藤田君、古川君、齋藤君が単発でヒットを放ったが得点には結びつかず、同点のまま9回を迎えた。青木監督が全員を招集。

「これじゃ普通の野球だよ。いいか、俺たちは1イニングで10点という野球をやっている。相手がびっくりするような異常なことをやるんだ！」

打席に立ったのは今日ノーヒットで、首を傾《かし》げてばかりの3番、八木君だった。確かに彼はいつもと構えが違っていた。全身が何やらこわばったようで、スイングがどこかぎこちない。

「右腰をぶつけろ！」

青木監督が指示した。彼は右腰に体重を残したまま振ろうとしているので、バットがスムーズに出てこない。右腰ごと前に出してこい、というのが監督のアドバイスなのである。うなずく八木君。そして見事なまでの大振りで3塁線に強烈なファウルを打ち、次の大振りで一瞬、球が消えた。グラウンドのネットを越え、ゆくえを見失うような特大のホームランを放ったのである。

思い切り振る。全体重を思い切り前へ移動する。そこに球が当たれば、かくも遠くに飛んでいくのだ。

「よっしゃー」

盛り上がる開成部員たち。全員で大振りを繰り返した結果がやっと出たようだった。

「この回に10点取れ！」と青木監督。いよいよ爆発かと私も思わず立ち上がったが、続く林君がピッチャーゴロで尾島君は三振。古川君が右中間を破る2塁打を放ち、佐伯君はフォアボールで1塁3塁のチャンスになるが、最後は多田哲朗君（1年生）の大振りの三振で終了した。結果は3―2で開成の勝利。空気を振り抜いた末の勝利のようだった。

両チームの選手たちがホームベース前に整列して礼。開成部員たちは神妙な面持ちで監督のまわりに駆け足で集合した。

「ん、まあ」

言いよどむ青木監督。

「今日は、ん、ほぼ合格点。合格の最低ラインだけど、ま、合格点」

監督が部員たちをほめている。初めて聞くほめ言葉のように思えた。

「大胆なスイングをしたということに価値がある。これからも、うまく正確にやりたいという気持ちをぶち壊して、大胆に下半身を使うように」

うなずく部員たち。

「今後の試合は全部勝つ。本当は10点、15点取らなきゃいけないけど、現時点ではとりあえずよしとする」

部員たちはグラウンドに散り、バッティング練習の準備に入った。30分後には別の部がグラウンドを使うので、それまでの寸暇を利用してバットを振るのである。

――今シーズンを占うという点ではどうだったんでしょうか？

おもむろに青木監督にたずねると、彼は笑顔で答えた。

「長打が出る可能性のあるスイングができてきました」

ん、と私は思った。口頭で一気に言われると、一瞬、何が言いたいのか理解できない。長打が出るスイングではなく、「長打が出る可能性のあるスイング」。大量点は取れなかったが、それも「大量点につながる可能性が出てきた」とのこと。いずれにしても現実ではなく可能性の問題で、青木監督にならって正確に表現するなら、彼は「長打が出る可能性のあるスイングができる可能性」にかけているのだろう。いうなれば可能性の可能性。可能性を掛け合わせると、確率としては下がっていくようだが、いかなる文脈でも「可能性」をねじ込むことが「教育」というものなのかもしれない。

俺が俺が

あらためて私は青木監督自身の野球歴における「仮説と検証」をたずねてみることにした。

彼が野球を始めたのは小学校5年生の時だったらしい。ポジションは外野。以来ずっと外野だそうで、「うまくないから外野」だったとのことである。

——打撃のほうはどうだったんですか？

監督は小さく首を振った。

「球が飛んだという記憶がまるっきりありません。外野の頭を越えたことはないと思います。でも足だけは速かったので、それを生かしたプレイをしようと思っていました」

中学校では「野球部は競争が激しいので」バレーボール部に。しかし県立太田高校に進学すると野球部に入部した。

——なぜ野球に戻ったんですか？

青木監督は「えっ」と目を丸くし、しばらく間。「野球の何が魅力だったんでしょうか？」と続けると、「何がと言われても」と沈黙。いつも即答する監督らしからぬ沈黙だった。

「思い出してみても何もないんですね」

ポツリとつぶやく青木監督。

──何もない？

「やるぞと思ったわけでもないし、最初に興味を持ったのが野球というぐらいで。乗りかかった船だから、という感じでしょうか」

──当時の課題は何だったんでしょうか？

部員たちと同じように私は質問した。

「チームにどう貢献するかということを考えていました。具体的には、送りバント、セーフティーバントを徹底的に練習しましたね」

──思い切り振るんじゃなくて……。

「そうなんです。今とまったく違うスタイルなんです」

太田高校は県内予選でベスト16まで進出したが、当時の群馬県では2回勝てばベスト16入りできたそうで、その先には進めなかった。高校卒業後、一浪して「どうせ浪人するならできるだけいい大学へ行こう」と考えて東大へ。そして東大を志望した時点で、もう一回野球をしたいという気持ちが復活したそうである。

「六大学で自分の力を試してみたいと思ったんですが、野球部に入部してすぐ通用しないことがわかりました。打てないと使い物にならない。それも他の5大学のエースを打ち崩すくらいの打力がなければいけない。バントしかしない選手は出場できないんです」

彼はこうして入学した年の秋には選手をやめ、野球部のマネージャーとなったそうなのである。

実は彼自身は思い切り振っていなかった。だからこそそれにこだわっているのかもしれない。

「チームに貢献するなんていうのは人間の本能じゃないと思います」

——本能ですか？

「思い切り振って球を遠くに飛ばす。それが一番楽しいはずなんです。生徒たちはグラウンドで本能的に大胆にやっていいのに、それを押し殺しているのを見ると、僕は本能的に我慢できない。たとえミスしてもワーッと元気よくやっていれば、怒れませんよ。のびやかに自由に暴れまくってほしい。野球は『俺が俺が』でいいんです」

俺が打つ。俺が守る。確かにホームランになった八木君のスイングには、「俺が」という気迫が感じられた。そういえば、部員たちはいつも「僕が」ではなく、「僕は」

と言っている。「僕は〇〇なんです」「僕の課題は〇〇です」と。あらためて考察するに、「僕は」という言い方をすると、「僕」は僕の中にとどまるような印象がある。例えば「僕は打つ」は僕の中の「打つ僕」が打つような。しかし「僕が打つ」なら、人を押しのけるようで、「僕」は僕の外に働きかける。働きかけることで「僕」というものの輪郭が現われ、そこで初めて物事に対峙《たいじ》できる。思い切り球を叩く、というのも「僕が」でなければできないのだ。

「生徒たちには『自分が主役』と思ってほしいんです。大人になってからの勝負は大胆にはできません。だからこそ今なんです」

監督は自分が成し得なかったことを子供たちに託しているのである。

開成高校硬式野球部が甲子園に行く。

「は」ではなく「が」の勝負。ちなみに、この「が」を使った文章は「現象文」と呼ばれている。現象を客観的に描写した文なのだが、我が事に当てはめると強い意志に転じる。野球を「物理現象」としてとらえる開成にはピッタリの表現だし、これは国語の重要なポイントではないか。今度、生徒たちにも説明してみよう、などと考えながら練習試合後のバッティング練習を眺めていると、なぜか生徒たちは快音とともに長打を連発しており、私はしばし目を見張ったのであった。

9回 ややもすると甲子園

「高橋さんが来ると、めちゃくちゃ気合い入りますよ。みっともない試合は見せられませんからね」

ある部員にそう言われ、私は夏(平成24年)の東東京予選大会は見に行かないほうがよいのではないかと思った。これまでの試合も「めちゃくちゃ気合いが入った」から、体がこわばって負けていたのではないだろうか。実際、練習試合でも私が取材に行くと、なぜか開成はよく負ける。行かなかった時に限って「いい試合をしました」と青木監督から知らされ、期待を胸に次の試合に行くと決まって負ける。振り返れば、私は練習中も事あるごとに彼らに近づいて「どういうこと?」とたずね、そのやりとりを『小説新潮』に実名で記してきた。彼らは優秀な高校生だが、優秀ゆえにしっかり読み込み、「僕ってこうなのか」と文章に描かれた人間像をなぞってしまっていたのではないだろうか。彼らの理屈には理屈で応じるしかなかったが、彼らはその理屈も取り込んで日頃の理詰めをさらに濃縮させている印象もあり、挙げ句に、「バッティングの難しい点は、球が前から来ることです」（稲積良彦君）などという、いかんともしがたい根源的な問題に導いてしまったのではないだろうか。

甲子園出場をかけた大切な勝負。験《げん》を担《かつ》ぐという意味でも私はやはり行くのをやめることにした。すると開成は初戦（2回戦）で都立小松川高校に7―4で勝ち、3回戦は國學院《こくがくいん》高校を5―4で破り、ベスト32（参加148校）入りを果たしたのである。

本当に？

私は驚いた。青木監督も言っていたが、高校生はある日突然打てるようになったりする。2年生たちはあっという間に3年生になっており、目を離した隙《すき》に強打者に生まれ変わることもあるわけで、それが実際に起きたのだろうか。いずれにしても、次は強豪校である日大一高との対戦。「強豪校撃破」は開成の目標でもあり、これに勝てばいよいよベスト16入りだ。

7月17日、正午。

遠くから見れば問題ないだろうと思い、私はひそかに神宮第二球場に出かけた。前の試合が予定より長く続いており、その観客に紛れて踊り場のような所に佇《たたず》んでいると、開成野球部のOBたちが次々と集まってきた。彼らはOB会を組織し、予算の少ない野球部にバッティングマシーンを寄贈するなど様々な支援をしているのである。

近づく甲子園

「僕らの代は1回も勝っていません。勝てる気がしなかったんです。もう相手校の名前を見るだけで、勝てないだろうなと思っていましたから。『名前負け』っていうんですかね」

語るのは、OB会会長の半田常彰《はんだつねあき》さん（昭和48年卒業／ダイヤミック㈱代表取締役社長）だ。その記録によると、硬式野球部の創部は戦後間もない昭和20年代。60年余りの歴史があるのだが、平成11年に青木監督が就任するまで大学生のOBが代々、監督をつとめていたらしい。公式戦で勝つのも4、5年に1回。夏の予選も甲子園出場どころか1回戦で勝つことがずっと目標だったそうである。

——練習していたんですか？

「練習は週2回でした。でもとにかく異常に下手で、内野ゴロはすべてエラーしてヒットになる。ゴロは全身をグローブだと思って体で受け止めろと言われてましてね。本当に体で受け止めて肋骨《ろっこつ》を折った人がいたくらいです」

エラーの伝統。彼はキャッチャーだったそうだが、3年生の時には人員不足からピッチャーとしてマウンドに上がり、1試合でフォアボールを27個出したこともあるという。しかし体力づくりは熱心で、週3日走って筋トレ。素振りは毎日欠かさず300本。当時、巷《ちまた》では学生運動が盛んだったが、開成はまったく影響を受けず、ビラ一枚張られていなかったらしい。なんでも学生運動より伝統行事である「運動会」のほうが大事で、体制を倒すのではなく、「棒倒し」に熱中していたそうである。

――バッティングのほうはどうだったんですか？

「バットにうまく当てて、セカンドの頭を越えることが目標。バントで送ってポテンヒットで点を取る。点差を守って守り勝つというスタイルです。とはいっても、試合によってはバットに当たったのがチーム全員で3球だけということもありました。それもすべてファウルで」

――守備が異常に下手なのに、守り勝つ？

「そうなんですよ。だから青木監督は正しい。本当に勝とうとしたら打てないとダメ。それに弱いチームでも勝てるということです。野球にはツキというものがある」

断言する半田さん。

——ツキですか？

「野球はまるい球を表面がまるいバットで打つでしょ。テニスやバドミントンは平面で打ちますが、野球は球面と球面。だからどこに飛んでいくかわからない。ほんのちょっとのズレでぜんぜん違う方向に飛んでいく。その微妙さ。そこでどうせ勝てないんだからと、思い切りバットを振ってみる。力でツキをもぎとるんです。甲子園だって普通に考えたら無理ですよ。でも、今のチームならどう見ても可能性はあります」

OBたちの間でも最初は「勝てるわけない」と冷ややかだったが、やがて「勝てるかもしれない」、しまいには「なぜ勝てないんだ！」という声さえ上がっているという。

「たとえ負けても、挫折感《ざせつかん》は大事です。今は開成に入っただけでも達成感があるみたいですものね。それに東大に行けば他の人間より上だという意識がどうしたってありますから、実はサラリーマンに向いていないんです。でも野球は学校名ではなく、グラウンドがすべて。そこでの挫折感は将来、絶対生きてくると思います」

彼は開成から一浪して東大文Ⅱに合格。東大でも野球部に所属し、卒業後は三菱《みつびし》製紙八戸《はちのへ》に野球選手として入社。社会人野球の東北大会で準優勝に輝いたこともあるが、入社6年後に選手を引退して東京本社勤務に。ニューヨーク駐在などを経て、関連会社の社長に就任した。

「僕は野球のおかげでまっとうな人生を歩いてこれました。忍耐力、気配り、そして愚直にコツコツやること。コツコツやっていれば、ある日突然力が抜けて球がふっと飛んでいくんです。素振りだって毎日毎日繰り返していれば、軌道が一定になってきます。ヘンなフォームでも同じ所を通るようになれば、当たる確率だって高くなるじゃないですか。そのことを後輩たちにも味わってほしい」

――甲子園に行けますか？

私が念を押すと、彼は「可能性は高い」と言い切った。

――どれくらい高いんでしょうか？

半田さんは真剣な面持ちでこう答えた。

「東大が六大学で優勝するより、開成が甲子園に出るほうが先になる可能性が高い」

何やら微妙な可能性だが、ツキは低い可能性を勝ってこそのツキ。少なくとも以前より甲子園が近づいていることは確かなのである。

可能性の爆発

グラウンドに開成ナインが駆け出してくる。フォームは不揃《ふぞろ》いだが、躍動感あふれる走り。照りつける太陽のもと、見慣れたはずの彼らが輝いて見える。気のせいか体も引き締まっているようで、日大一高と比べても遜色《そんしょく》ないではないか。

試合前のノック練習。1年生が打席に立ち、球を上げるといきなりチップ。観客席からは失笑がもれるが、これは恒例の厄払いのようなものである。実際、開成はノック練習でほとんどエラーもなく、外野がフライをキャッチすると私も思わず立ち上がり、

「よーし！」

と万歳をした。ファインプレイやホームランで感動する野球ファンも多いだろうが、開成野球と出会うことで、私は当たり前に見えることを、きちんとやろうとする姿に感銘を受けるようになった。球が来たらきちんと捕って投げる。ノックであろうと1球たりとも目が離せないのが開成野球なのだ。

先攻は開成。1番バッターの八木翔太郎君（3年生）が強烈なサードゴロを打ち、

いきなりエラーで出塁。初回からチャンスかと思いきや、2番の藤田智也君（3年生）がピッチャーゴロでダブルプレイ。続く宮内瑛君（3年生）もセカンドゴロでこの回の攻撃は終了した。

まずまずの出足だ。3人とも「いい球は絶対に見逃さない」という気迫がこもるフルスイングで、球筋は確実にとらえているではないか。

開成の先発ピッチャーは佐伯兼太郎君（3年生）だった。最初からセットポジションで、あたかもランナーを背負っているかのような素早い投球動作である。

日大一高の先頭バッターをセカンドライナーに抑え、我ら3塁側観客席にはまるで勝ったかのような大歓声が起こった。これはもしかするともしかするかもしれない、と私は直感した。もし勝ったりすると彼は全国一偏差値の高いエースとして注目され、そうなると逆に親御さんは心配になるのではないかとまで思いを巡らせた。ところが、2番打者にヒット、続いてフォアボール、さらには2塁打を浴びてあっという間に2点を先取された。

ピンチといえばピンチ。しかし佐伯君は続くふたりの打者から三振を奪った。自ら招いたピンチは自ら抑える。ランナーが出ると執拗《しつよう》に牽制《けんせい》球《きゅう》を投げて塁にとどめさせる。強気の力投ぶりで、彼はその後4回まで無失点の好投を見せたのである。

開成の攻撃はほとんどが初球からの大振りだった。2回、3回は三振と内野ゴロの三者凡退が続いたが、4回には藤田君がレフトオーバーのヒットを放ち、じりじりと「爆発」が近づく予感がした。

そして2－0で迎えた5回の裏。日大一高は開成のエラーで2人が出塁し、スクイズで1点。さらには2塁打、2塁打、ヒット、2塁打と続いて一気に7点を取る。開成の試合ではよくあることで選手たちには動揺した様子もなく、ピッチャーは齋藤卓志君（3年生）に交替。いきなりヒットを打たれたものの、ヒットを打たれるということはストライクが入る投球ができているということで、これは開成ピッチャーの必要十分条件でもある。

それでいいぞ齋藤君。

私はつぶやいた。ゆったりした構えから繰り出されるゆっくりした球で速球慣れした日大一高を翻弄《ほんろう》してしまえ、などと思っていると、日大一高の選手たちがグラウンドに出てきて並び始めている。一体、何が起きたのかと目を凝らすと、試合終了だという。ヒットでランナーがかえって10点差が開いたために、その時点でコールドゲームが成立してしまったのである。

終わり？

私は呆気《あっけ》にとられた。まだ2アウトで開成は守備の途中ではないか。期待の古川夏輝君（3年生）もまだ打席に立っておらず、これからという矢先ではないか。

試合が突然中断されたようで終わった気がしない。おそらく6回か7回あたりで開成打線は爆発したにちがいない。10点取られたら相手の油断につけこみ、ドサクサに紛れて25点取り返すのが開成野球。10点くらい取られたほうが彼らは火がつくわけで、今こそまさに絶好のチャンスではないか。

悔しいというより惜しい。

口惜しいではなく本当に惜しい。

爆発しないから爆発の予感は募る。現実にならないから甲子園出場の可能性もますます高まっていくようで、しまいに私は出場を確信するまでに至ったのである。

謝辞

この場をお借りして、取材にご協力いただいた皆様に御礼申し上げます。開成学園関係各位、青木秀憲監督、野球部の生徒たち、そして生徒たちへの取材を許諾してくださった保護者の方々。本書は皆様のあたたかいご理解の賜物《たまもの》です。

本当にありがとうございます。

本書の取材はすべて部活動の時間内に行ないました。ただでさえ練習時間が限られている中をお邪魔したわけで、その点、大変申し訳なく思っております。

正直に申し上げますと、連載期間中、〆切と〆切の間にほとんど練習がない時もあり、さらには野球部の戦力としてもあまり変化がうかがえず、書くことがないと思うこともしばしばありました。しかし青木監督にお話をうかがうと、私の気がつかないところで、何かが起こっているような気がしてくる。生徒たちは刻々と成長しており、まさに「爆発」が近づいているように思えてくるのです。実際見てみると、やはりあまり変わりはないようなのですが、青木監督の言葉はいつも新鮮で、そこから一筋の希望が見えてくる。希望は知性から生まれる。青木監督からはそのことを教えられました。そして生徒たちの真摯《しんし》な態度。あえて苦手なことに取り組もうとする彼らに接することで、私も取材者としての初心に返れました。来た球、つまり言葉はきちんと捕るということです。

生徒たちがこれからもどうか元気で、社会でも活躍されることを祈っております。

私が最初に開成高校硬式野球部に出会ったのは、『Number』（平成19年4月26日号文藝春秋）の取材でした。「メジャーを生きる。」という特集号で、松坂大輔《だいすけ》やイチローと並んで私の開成野球部ルポ「弱者の兵法」を掲載してくれた編集者の加藤晃彦さんには感謝しております。

本書は『小説新潮』に連載した記事をもとにしておりますが、当初、この連載は「党員生活」という企画のつもりでした。日本の政党政治はそろそろ限界にきているのではないかと考えている私はこの際、自ら民主党、自民党、共産党、社民党などの党員になってみて、党員になると一体何が変わるのかをルポしようとしたのです。「どうなるか見当もつかないけど、やってみましょうか」ということで話はまとまりかけていたのですが、打ち合わせの席で世間話となり、私が「実は開成の野球部がね……」などと話したところ、連載担当の葛岡晃さんと書籍担当の今泉正俊さんが「そっちのほうがぜんぜん面白いじゃないですか！」と目をキラキラと輝かせ、急遽《きゅうきょ》企画変更になりました。私はしばし呆然《ぼうぜん》としましたが、日本の将来を考えるという点でも、次代を担《にな》う開成高校の野球部員たちを取材するほうがはるかに前向きで意気も甦《よみがえ》る。今となってはおふたりの即断には感謝しております。

今回も原稿は妻の栄美がチェックしてくれました。野球嫌いの彼女に逐一「ファウルボールって、何？」などと訊《き》かれることで、私も野球の原点に戻って言葉を選ぶことができました。ありがとう。そういった経緯も含めまして野球に興味のない人にも読んでいただけたら幸甚です。

髙橋秀実

〈解説インタビュー〉

野の球を追って

桑田真澄

僕は昨年(平成二十五年一月)から縁あって東京大学野球部の特別コーチを務めています。開成高校の名は、東大野球部にも部員がいますし、よく知っています。

グラウンドでの練習は週一日、空振りやトンネルの連発、常識的なセオリーを度外視した監督の理論、独特のペースで野球に取り組む選手たち、そして甲子園予選の東京大会ベスト16。最初は、かなり奇抜な野球やなあと思って読みはじめましたが、読み進めていくと、守備を捨てた練習や思いきりバットを振れという一見無謀に見える戦術も、僕の眼から見て合理性を感じました。

開成高校の青木監督は、何よりもバッティングに重きを置いています。われわれがずっと教わってきた普通の野球では、まず「守備を固めろ」と言う。その通りだと思いますが、そのルーツを考えてみたら、そもそも野球とは打つことが中心の点取りゲームなんですよね。ピッチャーはまず打ちやすい球を投げなければなりません。開成高校の監督さんは、ピッチャーの本分はストライクを続けて投げることであり、フォアボールはいけない、バッターに失礼だとおっしゃるそうですが、野球の起源のひとつと言われる「ラウンダーズ（Rounders）」や「タウンボール（Townball）」という球技はまさにそうです。ピッチャーはバッターが打ちやすい高さとコースに投げて、それを打って点数を競う。守備より打撃という理論は、近代野球の起源をたどれば、きわめて原点に近いなと思いました。

さらに言えば、近代ベースボールになる前はフェンスもなかった。とにかくボールを遠くに飛ばし、ベースを何周回ったかを数えるわけです。二周目を逆に走って数えることもあったといいます。まさに「野の球」、それが野球です。野原にフェンスができ、広さが決められ、審判が登場したり、だんだん細かいルールが加わって近代野球ができていったんです。

もちろん少年野球でもアマチュア野球でも、勝つことはとても大事です。でも野球には、「野の球」を追うような本来持っているプレイする楽しさ、どうしたら上手《うま》くなれるかを自分で工夫する楽しさがなければいけないんです。

守備について言うと、エラーは絶対だめだと教えられます。ミスしたら負けるぞと言われます。でも、エラーしてもいいんです。エラーを容認するのが野球です。それが証拠に、どんな野球場のスコアボードにも「E」という表示があるじゃないですか。エラーは必ずする。大事なのはどうしたらエラーを少なくすることができるかを、自分で考えることです。僕は少年野球を指導する時には、かならず子供たちにそのことを言いますね。

「チームのためにエラーをしてはいけない」ということとも関連しますが、僕たちの時代は「練習中は絶対に水を飲んではいけない」と言われました。水を飲むと根性がつかない、バテる、上手くならないと言われました。PL学園高校時代、練習の最中にトイレの便器の水にまで手が伸びた時もありました。でも、スポーツ医学が発達した今、そんなことを言う指導者はほとんどいません。エラーをするな、という絶対命令もそうですが、日本の「野球道」は戦争が色濃く影を落としています。「水」の問題は、まさにその典型かもしれません。

もし戦場にいたら、水筒の水は貴重で我慢して節約しなければならない。ぐいぐい飲むわけにはいかない。あるいは、腐った水を飲まないためにも、根性を出して我慢しなければなりません。軍隊式に考えると、水を飲むことはだめなんです。

僕は早稲田大学大学院の平田ゼミで「野球道の再定義」を研究テーマとしたんですが、その中で、戦前の資料を読む機会がありました。ある練習風景では、先輩がベンチ前に水を汲《く》んできて後輩に飲ませているのです。「あれ、練習中に水を飲んでるな」と驚きました。先輩が後輩を思いやり後輩は先輩を敬う、これぞ素晴らしい野球道だと書いてある。

戦前の早稲田大学野球部の監督で、一球入魂・千本ノックの生みの親である飛田《とびた》先生（明治十九年生まれ）の教えは、まさにそのようなものでした。教え子の回想記を読むと、飛田監督が声を荒げるのを見たことがないと書いてあります。僕の時代の野球指導者は、「怒鳴る・殴る・蹴《け》る」が常識でしたし、授業に出たいなどと言おうものなら、「バカヤロー、勉強する暇があったら練習しろ」と殴られたり、怒鳴られたりしました（笑）。飛田さんは、日本で最初に野球の監督になった人（大正八年に早大野球部監督）ですが、道具は自分で磨きなさい、授業に出て勉強しなさい、野球を通じて模範となるような人間になりなさいと説いた人です。その文献が残っているのですが、感動しますね。「野球道の再定義」と言いましたが、それは僕一人が勝手に言っているのではなく、飛田先生のような先人が大事にしていた「野球」を、もう一度取り戻せたらいいなと思っているのです。

第二次世界大戦という戦争は、本来あるべき日本の「野球道」を変質させました。野球部監督から朝日新聞記者に転じた飛田さんは、「野球とは肉体的にも精神的にも鍛えられるものだ」「いい軍人を養成するのに野球は最高のスポーツだ」と言い、学生から野球を取り上げるべきではないと論陣を張りました。戦時体制の中で軍部から「野球」を守るためです。飛田さんの言ったのは、「練習量の重視」「精神の鍛練」「絶対服従」。やがて戦争は終わりましたが、戦争に影響された「武士道野球」のマイナス面は色濃く残り続けました。現在の体罰問題や理不尽なしごきなども、そこから派生しているとは考えられないでしょうか。練習は量より質を、服従ではなくリスペクトを、精神の鍛練から心の調和へと変えること。それが先人の本来の教えであり、体罰問題を解く鍵《かぎ》だと僕は思っています。

練習量について言えば、開成高校の練習は本当に少ないですよね。進学校でもあるし、それは仕方がありません。だったらどうすればいいか。監督も生徒もいろいろ考えて工夫されているところにたいへん好感を持ちました。僕自身が短時間集中型で練習してきたからです。

僕にはずば抜けた速球もない、ダルビッシュ君のように一九六㎝の長身も七色の変化球があるわけでもありません。ただ、どうしたらいい投球ができるか、ベストコンディションで練習や試合をするにはどうするかを僕は必死で考えてきました。長時間の練習ではだめなんです。

この本の中で、青木監督は普段の練習を「実験と研究」と位置づけて、選手自身で仮説を立てて検証することが大事だとおっしゃっています。じつは僕も少年野球の子供たちにも、東大の野球部員たちにもいつも同じことを言っています。まず常識を疑って、自分で仮説を立て、グラウンドで検証する。僕の野球人生も、仮説と検証の連続だったのです。

一つの例ですが、野球の理論書にはこんなふうに書かれていませんか。「まず真《ま》っ直《す》ぐ立つ、肩を地面に並行にしてトップを高く早く作る、肘《ひじ》を上げ、上から投げ下ろす」。小学生の時、本の通りに投げていたのに、僕はちっとも速い球が投げられませんでした。あれっ、おかしいな?と思いました。書いてある通りのフォームなのに、上手くいかないんです。ところが、中学一年の風の強いある日、ドッジボールをしていて開眼しました。逆風の中、ボールを拾い上げて振り返りざまに右肩をぐっと下げてからドッジボールの球を投げたんです。そしたら、ものすごい勢いでボールが浮き上がるように飛んで行く。これだ、と思いました。すぐに野球のボールでもやってみました。一度右肩を落として投げると、すごい球が投げられる。この日を境に、僕は中学で屈指の投手と言われるようになり、中三の時には全大会優勝しました。ほとんど直球です。その後、ＰＬ学園高校に進むことになるんですね。

ところが入学してすぐに、「投げる時に右肩は下げてはだめだ」と言われ、とたんにいい球が投げられなくなってしまいました。結果を残せずピッチャーはクビになり、外野手に転向させられました。そんなある日、臨時コーチが来ていた時に、僕が外野からバック・ホームの送球をしました。外野手だと自分の投げ方で右肩を落としてから投げられるので、すごい返球になったんです。それを見た臨時コーチが、「桑田はピッチャーがいい。その投げ方でもいいんだ」と言ってくれて、その後の甲子園での活躍につながっていきました。もしその臨時コーチがいなかったら、たぶん僕は今ここにはいませんね（笑）。

常識を疑うというのが僕の信条であり、野球に対する考え方です。足の上げ方、グローブの持ち方、バットの振り方など自分なりのやり方を考え、「仮説と検証」を繰り返しました。

バッティングについて言えば、ダウン・スイングせよというのが常識ですが、僕はずっとアッパー・スイングのほうがいいと思ってるんです。高一の時、外野のフェンスに沿って走っている時に、大根切りのようにダウン・スイングで打撃練習している選手を見ていて、ダウン・スイングでは高めしか打てないと思いました。たまにピッチャーも打撃練習しましたが、僕はアッパー・スイングでパカーンとホームランを打っちゃう。「なんだおまえ、アッパーやないか。ダウン・スイングで行け」とコーチによく叱《しか》られましたね。昔の本には、バットは鼻をこするように最短距離で振れ、というのもありました。鼻をこするように振るというのはむずかしいですよね。やはり、動作を伝える言葉って大事です。必要なのは、バットを最短で振るのではなく、最速で振ること。一番力の出るポイントで打つことです。開成高校の野球部員の中にも、エネルギーを最大に伝えるために何をすべきかを理詰めで物理的に考える生徒がいると聞きましたが、その通りなんです。バッティングだって常識にとらわれてはだめです。

打撃は大根切りで最短で振るんじゃなくて、最速で振るべきなのです。物理学に最速降下曲線というものがあり、最短で行くより弧を描く「サイクロイド曲線」で振ったほうが水平時でバット・スピードが速くなるそうです。

僕の時代には、幸いにして勘だけでなく、写真やビデオを使えました。僕は理想の投球フォームを求めて、金田正一さんはじめ、歴代のエースと言われた大投手に話を聞きに伺いました。みなさんが一様に言ったのは、「ピッチャーとは上から下に投げ下ろす」ということでした。江夏さんと会った時、「僕は一度肩を落としてから投げるんですけど、江夏さんもそうですよね」と尋ねたのですが、「桑田君、ピッチャーは一度も肩を下げることはありません」と言われたんですね。でも、村田兆治さんを思い出していただければいいかもしれませんが、日本の名投手もメジャーのエースと言われた投手も、みな肩をいったん落としてから投げているんです。野球には三つのことが大切です。言葉・感覚・実際の動き。それぞれにギャップがあることを知っておくことが大事なのだと思います。

野球には、「試合に勝利すること」と「プレイする楽しさ」の両立が必要です。エラーしたり、空振りしてもいいじゃないですか。次の打席で三振しないように考えることが大事だし、次にヒットを打った楽しさは決して忘れないのです。

この本を読んで、何事も自分の言葉で考える開成高校の野球部員には、何かアドバイスをしたいなと思いました。僕もぜひ一度、開成高校の練習に行ってみたいですね。開成高校のような野球部が創意工夫で勝ち進み、日本の野球を変えるきっかけになれば嬉《うれ》しい。勉学で学んだ努力をグラウンドで生かし、グラウンドで実践したことを日々の生活に役立てる。それが本当の「野球道」じゃないでしょうか。

長時間練習ばかりするんじゃなくて、恋愛も遊びも野球に生かせるんです。僕は中学の時も高校の時も彼女がいました。彼女のためにもエースになりたかったし、そのために何をすべきか考えました。高校野球の強豪チームには恋愛禁止のところが多いんですが、そうじゃないと僕は思ってます（笑）。

さきほども触れましたが、僕の信条は「常識を疑うこと」と「仮説と検証」であり、東大の野球部員にも毎回同じことを言っています。

野球には代打があり、リリーフがあります。でも自分自身の人生に代役はいないんです。だからこそ若い世代は常識にしばられずに自分で考え、何事にも挑戦してほしいと思います。「野の球」を追ってきた僕の四十六年はその連続だったし、これからも同じです。

（平成二十六年一月、元読売巨人軍・元ピッツバーグ・パイレーツ投手）

本書は、平成二十四年九月、新潮社より刊行された。

髙橋秀実著
はい、泳げません
水が嫌い、水が怖い、なのに水泳教室に通う羽目に——混乱に次ぐ混乱、抱腹絶倒の記録。前代未聞、〝泳げない人〟が書いた水泳読本。

重松　清著
熱　　　球
二十年前、もしも僕らが甲子園出場を果たせていたなら——。失われた青春と、残り半分の人生への希望を描く、大人たちへの応援歌。

柳井正著
一勝九敗
個人経営の紳士服店が、大企業ユニクロへと急成長した原動力は、「失敗を恐れないこと」だった。意欲ある、働く若い人たちへ！

木内昇著
球道恋々
弱体化した母校、一高野球部の再興を目指し、元・万年補欠の中年男が立ち上がる！　明治野球の熱狂と人生の喜びを綴る、痛快長編。

岩崎夏海著
もし高校野球の女子マネージャーがドラッカーの『マネジメント』を読んだら
世界で一番読まれた経営学書『マネジメント』。その教えを実践し、甲子園出場をめざす高校生の青春物語。永遠のベストセラー！

小川洋子著
博士の愛した数式
本屋大賞・読売文学賞受賞
80分しか記憶が続かない数学者と、家政婦とその息子——第1回本屋大賞に輝く、あまりに切なく暖かい奇跡の物語。待望の文庫化！

村上春樹
安西水丸著
象工場のハッピーエンド
都会的なセンチメンタリズムに充ちた13の短編と、カラフルなイラストが奏でる素敵なハーモニー。語り下ろし対談も収録した新編集。

村上春樹
安西水丸著
村上朝日堂
ビールと豆腐と引越しが好きで、蟻ととかげと毛虫が嫌い。素晴らしき春樹ワールドに水丸画伯のクールなイラストを添えたコラム集。

村上春樹著
螢・納屋を焼く・その他の短編
もう戻っては来ないあの時の、まなざし、語らい、想い、そして痛み。静閑なリリシズムと奇妙なユーモア感覚が交錯する短編7作。

村上春樹著
世界の終りとハードボイルド・ワンダーランド
谷崎潤一郎賞受賞（上・下）
老博士が〈私〉の意識の核に組み込んだ、ある思考回路。そこに隠された秘密を巡って同時進行する、幻想世界と冒険活劇の二つの物語。

村上春樹
安西水丸著
日出る国の工場
好奇心で選んだ七つの工場を、御存じ、春樹&水丸コンビが訪ねます。カラーイラストとエッセイでつづる、楽しい〈工場〉訪問記。

村上春樹著
雨天炎天
—ギリシャ・トルコ辺境紀行—
ギリシャ正教の聖地アトスをひたすら歩くギリシャ編。一転、四駆を駆ってトルコ一周の旅へ——。タフでワイルドな冒険旅行！

村上春樹著

ねじまき鳥クロニクル
読売文学賞受賞（1〜3）

'84年の世田谷の路地裏から'38年の満州蒙古国境、駅前のクリーニング店から意識の井戸の底まで、探索の年代記は開始される。

村上春樹
安西水丸 著

村上朝日堂超短篇小説
夜のくもざる

読者が参加する小説「ストッキング」から、全篇関西弁で書かれた「ことわざ」まで、謎とユーモアに満ちた「超短篇」小説36本。

村上春樹著

村上朝日堂ジャーナル
うずまき猫のみつけかた

マラソンで足腰を鍛え、「猫が喜ぶビデオ」の効果に驚き、車が盗まれ四苦八苦。水丸画伯と陽子夫人の絵と写真満載のアメリカ滞在記。

村上春樹著

辺境・近境

自動小銃で脅かされたメキシコ、無人島トホホ潜入記、うどん三昧の讃岐紀行、震災で失われた故郷・神戸……。涙と笑いの7つの旅。

村上春樹著

1Q84
—BOOK1〈4月－6月〉前編・後編—
毎日出版文化賞受賞

不思議な月が浮かび、リトル・ピープルが棲《す》む1Q84年の世界……深い謎を孕《はら》みながら、青豆と天吾の壮大な物語《ストーリー》が始まる。

村上春樹文
大橋歩画

村上ラヂオ2
—おおきなかぶ、むずかしいアボカド—

大人気エッセイ・シリーズ第2弾！ 小説家の抽斗《ひきだし》から次々出てくる、「ほのぼの、しみじみ」村上ワールド。大橋歩の銅版画入り。

沢木耕太郎著
人の砂漠

一体のミイラと英語まじりのノートを残して餓死した老女を探る「おばあさんが死んだ」等、社会の片隅に生きる人々をみつめたルポ。

沢木耕太郎著
一瞬の夏（上・下）
新田次郎文学賞受賞

悲運の天才ボクサー、カシアス内藤。その再起に自らの人生を賭けた男たちのドラマを〝私ノンフィクション〟の手法で描いた異色作。

沢木耕太郎著
バーボン・ストリート
講談社エッセイ賞受賞

ニュージャーナリズムの旗手が、バーボングラスを傾けながら贈るスポーツ、贅沢、賭け事、映画などについての珠玉のエッセイ15編。

沢木耕太郎著
チェーン・スモーキング

古書店で、公衆電話で、深夜のタクシーで――同時代人の息遣いを伝えるエピソードの連鎖が、極上の短篇小説を思わせるエッセイ15篇。

沢木耕太郎著
彼らの流儀

男が砂漠に見たものは。大晦日の夜、女が迷ったのは……。彼と彼女たちの「生」全体を映し出す、一瞬の輝きを感知した33の物語。

沢木耕太郎著
檀

愛人との暮しを綴って逝った「火宅の人」檀一雄。その夫人への一年余に及ぶ取材が紡ぎ出す「作家の妻」30年の愛の痛みと真実。

沢木耕太郎著

凍

講談社ノンフィクション賞受賞

「最強のクライマー」山野井が夫妻で挑んだ魔の高峰は、絶望的選択を強いた——奇跡の登山行と人間の絆を描く、圧巻の感動作。

沢木耕太郎著

あなたがいる場所

イジメ。愛娘の事故。不幸の手紙——立ち尽くすほかない生が、ふと動き出す瞬間を生き生きと描く九つの物語《ナイン・ストーリーズ》。著者初の短編小説集。

沢木耕太郎著

ポーカー・フェース

これぞエッセイ、知らぬ間に意外な場所へと運ばれる語りの芳醇に酔う13篇。鮨屋の大将の教え、酒場の粋からバカラの華まで——。

沢木耕太郎著

作家との遭遇

書物の森で、酒場の喧騒で——。沢木耕太郎が出会った「生まれながらの作家」たち19人の素顔と作品に迫った、緊張感あふれる作家論。

沢木耕太郎著

深夜特急（1〜6）

地球の大きさを体感したい——。26歳の〈私〉のユーラシア放浪の旅がいま始まる！「永遠の旅のバイブル」待望の増補新版。

沢木耕太郎著

旅する力

—深夜特急ノート—

バックパッカーのバイブル『深夜特急』誕生前夜、若き著者を旅へ駆り立てたのは。16年を経て語られる意外な物語、〈旅〉論の集大成。

小澤征爾著　ボクの音楽武者修行

〝世界のオザワ〟の音楽的出発はスクーターでのヨーロッパ一人旅だった。国際コンクール入賞から名指揮者となるまでの青春の自伝。

小澤征爾
武満徹著　音　楽

音楽との出会い、恩師カラヤンやストラヴィンスキーのこと、現代音楽の可能性——日本を代表する音楽家二人の鋭い提言。写真多数。

池谷裕二著　脳はなにかと言い訳する
——人は幸せになるようにできていた!?——

「脳」のしくみを知れば仕事や恋のストレスも氷解。「海馬」の研究者が身近な具体例で分りやすく解説した脳科学エッセイ決定版。

池谷裕二著　受験脳の作り方
——脳科学で考える効率的学習法——

脳は、記憶を忘れるようにできている。そのしくみを正しく理解して、受験に克とう！——気鋭の脳研究者が考える、最強学習法。

池谷裕二著　脳には妙なクセがある

楽しいから笑顔になるのではなく、笑顔を作ると楽しくなるのだ！　脳の本性を理解し、より楽しく生きるとは何か、を考える脳科学。

池谷裕二
中村うさぎ著　脳はみんな病んでいる

馬鹿と天才は紙一重。どこまでが「正常」でどこからが「異常」!?　知れば知るほど面白い〝脳〟の魅力を語り尽くす、知的脳科学対談。

小林秀雄著

Xへの手紙・私小説論

批評家としての最初の揺るぎない立場を確立した「様々なる意匠」、人生観、現代芸術論などを鋭く捉えた「Xへの手紙」など多彩な一巻。

小林秀雄
岡潔著

人間の建設

酒の味から、本居宣長、アインシュタイン、ドストエフスキーまで。文系・理系を代表する天才二人が縦横無尽に語った奇跡の対話。

小林秀雄著

直観を磨くもの

—小林秀雄対話集—

湯川秀樹、三木清、三好達治、梅原龍三郎……。各界の第一人者十二名と慧眼の士、小林秀雄が熱く火花を散らす比類のない対論。

小林秀雄講義
国民文化研究会
新潮社編

学生との対話

小林秀雄が学生相手に行った伝説の講義の一部と質疑応答のすべてを収録。血気盛んな学生たちとの真摯なやりとりが胸を打つ一巻。

小林秀雄著

批評家失格

—新編初期論考集—

近代批評の確立者、批評を芸術にまで高めた小林秀雄22歳から30歳までの鋭くも瑞々しい論考。今文庫で読めない貴重な52編を収録。

小林秀雄著

ゴッホの手紙

読売文学賞受賞

ゴッホの絵の前で、「巨《おお》きな眼」に射《い》竦《すく》められて立てなくなった小林。作品と手紙から生涯をたどり、ゴッホの精神の至純に迫る名著。

ゲーテ
高橋義孝訳

若きウェルテルの悩み

ゲーテ自身の絶望的な恋の体験を作品化した書簡体小説。許婚者のいる女性ロッテを恋したウェルテルの苦悩と煩悶を描く古典的名作。

S・シン
青木薫訳

フェルマーの最終定理

数学界最大の超難問はどうやって解かれたのか？　3世紀にわたって苦闘を続けた数学者たちの挫折と栄光、証明に至る感動のドラマ。

S・シン
青木薫訳

暗号解読（上・下）

歴史の背後に秘められた暗号作成者と解読者の攻防とは。『フェルマーの最終定理』の著者が描く暗号の進化史、天才たちのドラマ。

S・シン
青木薫訳

宇宙創成（上・下）

宇宙はどのように始まったのか？　古代から続く最大の謎への挑戦と世紀の発見までを生き生きと描き出す傑作科学ノンフィクション。

S・シン
青木薫訳

数学者たちの楽園
―「ザ・シンプソンズ」を作った天才たち―

アメリカ人気ナンバー1アニメ『ザ・シンプソンズ』。風刺アニメに隠された数学トリビアを発掘する異色の科学ノンフィクション。

M・デュ・ソートイ
冨永星訳

素数の音楽

神秘的で謎めいた存在であり続ける素数。世紀を越えた難問「リーマン予想」に挑んだ天才数学者たちを描く傑作ノンフィクション。

「弱《よわ》くても勝《か》てます」
開成高校野球部のセオリー

新潮文庫　た－86－5

平成二十六年三月一日発行
令和五年九月十五日十一刷

著者　高《たか》橋《はし》秀《ひで》実《みね》

発行者　佐藤隆信
発行所　株式会社新潮社
郵便番号　一六二―八七一一
東京都新宿区矢来町七一
電話　編集部(〇三)三二六六―五四四〇
　　　読者係(〇三)三二六六―五一一一
https://www.shinchosha.co.jp

価格はカバーに表示してあります。

乱丁・落丁本は、ご面倒ですが小社読者係宛ご送付ください。送料小社負担にてお取替えいたします。

印刷・大日本印刷株式会社　製本・加藤製本株式会社

ISBN978-4-10-133555-1 C0195